ANTÔNIA E A CAÇA AO TESOURO CÓSMICO

Editora Appris Ltda.
1.ª Edição - Copyright© 2020 dos autores
Direitos de Edição Reservados à Editora Appris Ltda.

Nenhuma parte desta obra poderá ser utilizada indevidamente, sem estar de acordo com a Lei nº 9.610/98. Se incorreções forem encontradas, serão de exclusiva responsabilidade de seus organizadores. Foi realizado o Depósito Legal na Fundação Biblioteca Nacional, de acordo com as Leis nos 10.994, de 14/12/2004, e 12.192, de 14/01/2010.

Catalogação na Fonte
Elaborado por: Josefina A. S. Guedes
Bibliotecária CRB 9/870

B862a
2020
	Brito, Alan Alves
	   Antônia e a caça ao tesouro cósmico / Alan Alves Brito.
	   - 1. ed. – Curitiba: Appris, 2020.
	      109 p. ; 23 cm. – (Artera).
	
	   ISBN 978-85-473-4610-2
	
	   1. Ficção brasileira. I. Título. II. Série.
	
	                                                                 CDD – 869.3

Livro de acordo com a normalização técnica da ABNT

Appris
editora

Editora e Livraria Appris Ltda.
Av. Manoel Ribas, 2265 – Mercês
Curitiba/PR – CEP: 80810-002
Tel. (41) 3156 - 4731
www.editoraappris.com.br

Printed in Brazil
Impresso no Brasil

Alan Alves Brito

ANTÔNIA E A CAÇA AO TESOURO CÓSMICO

FICHA TÉCNICA

EDITORIAL	Augusto V. de A. Coelho
	Marli Caetano
	Sara C. de Andrade Coelho
COMITÊ EDITORIAL	Andréa Barbosa Gouveia (UFPR)
	Jacques de Lima Ferreira (UP)
	Marilda Aparecida Behrens (PUCPR)
	Ana El Achkar (UNIVERSO/RJ)
	Conrado Moreira Mendes (PUC-MG)
	Eliete Correia dos Santos (UEPB)
	Fabiano Santos (UERJ/IESP)
	Francinete Fernandes de Sousa (UEPB)
	Francisco Carlos Duarte (PUCPR)
	Francisco de Assis (Fiam-Faam, SP, Brasil)
	Juliana Reichert Assunção Tonelli (UEL)
	Maria Aparecida Barbosa (USP)
	Maria Helena Zamora (PUC-Rio)
	Maria Margarida de Andrade (Umack)
	Roque Ismael da Costa Güllich (UFFS)
	Toni Reis (UFPR)
	Valdomiro de Oliveira (UFPR)
	Valério Brusamolin (IFPR)
ASSESSORIA EDITORIAL	Renata Cristina Lopes Miccelli
REVISÃO	Renata Cristina Lopes Miccelli
PRODUÇÃO EDITORIAL	Lucas Andrade
	Gabriella C. L. de Saboya
DIAGRAMAÇÃO	Jhonny Alves dos Reis
CAPA	Daniela Baumguertner
COMUNICAÇÃO	Carlos Eduardo Pereira
	Débora Nazário
	Kananda Ferreira
	Karla Pipolo Olegário
LIVRARIAS E EVENTOS	Estevão Misael
GERÊNCIA DE FINANÇAS	Selma Maria Fernandes do Valle
COORDENADORA COMERCIAL	Silvana Vicente

A Michael Keith Mowat, meu verdadeiro tesouro cósmico.
Aos meus pais, Dona Janice e Seu Daniel, que me legaram mundos possíveis.
Aos meus sobrinhos, Layla, Sara, Daniel, Kayque e Arthur, herdeiros de novas ideias
acerca do Universo.
A Pai Idelson, à Mãe Raquel e à ancestralidade do Ilê Axé Ogunjá no
Recôncavo da Bahia.

AGRADECIMENTOS

Agradeço, de forma muito especial, ao amigo e colaborador Victor Rocha Rodrigues da Silva, Professor de Física do Colégio Naval, pela leitura crítica e revisão minuciosa, técnica e científica de versões preliminares do texto, apontando sugestões que melhoraram significativamente o resultado final. Toda e qualquer imprecisão é, absolutamente, de minha responsabilidade.

A todos os professores e estudantes da educação básica das escolas públicas de Porto Alegre e de sua região metropolitana. A história contada neste livro teve como inspiração as experiências por mim vividas nesses espaços de poder ao longo de cinco anos. Em particular, agradeço à professora Aline Russo da Silva, da Secretaria Municipal de Educação do Município de Porto Alegre, uma educadora apaixonada, cujo projeto que ajudo a coordenar, *Astrofísica para Crianças com Altas Habilidades*, é uma verdadeira inspiração para o conteúdo do presente texto.

PREFÁCIO

Trabalhando, desde 2014, com alunos com Altas Habilidades ou Superdotação no município de Porto Alegre, observo que a Astronomia é um assunto de interesse dos jovens, sobre o qual pesquisam, querem saber mais e mais e discutem os curiosos mistérios do Universo, que parecem infindáveis. Foi a partir desse interesse dos jovens e das crianças que chegavam à Sala de Inclusão e Recursos para Altas Habilidades (SIR-AH) que surgiu a rica e frutífera parceria entre o autor desta bela obra e a SIR-AH do município de Porto Alegre, tornando-se uma relação de trabalho, confiança e amizade, assim como, nesta criativa história, a relação entre Antônia e Urânia.

Para além das leituras técnicas sobre a temática AH, o livro *Antônia e a Caça ao Tesouro Cósmico* conta a história de uma menina apaixonada por Astronomia e que vive em uma cidade do interior do Brasil, estuda em uma escola sem muitos recursos e, nas andanças pelas ruas de sua pequena cidade, acaba encontrando Urânia, uma astrônoma profissional. Por meio dessa relação, Antônia tem a possibilidade de estudar sua área de interesse e aprofundar seus conhecimentos astronômicos. Ela aprende sobre o que tanto ama, tendo a possibilidade de realizar o enriquecimento extracurricular tão importante para as crianças na condição de AH. Caso não sejam encorajadas de forma apropriada, muitas crianças superdotadas, principalmente as de escolas públicas, mais vulneráveis no Brasil, combatem seus talentos e tornam-se adultos frustrados na vida e no trabalho.

Alan Alves Brito traz, com seu livro, uma visibilidade muito importante para essas crianças e jovens com Altas Habilidades ou Superdotação. Poderemos ofertar o atendimento necessário para fazer essas *estrelas* brilharem somente se conhecermos as características das pessoas nessa condição. *Antônia e a Caça ao Tesouro Cósmico* contribui grandemente para a nossa sociedade como um todo, pois, segundo estudiosos da área, somente identificando e valorizando esses sujeitos, estaremos oportunizando o surgimento de líderes criativos nas Ciências, Artes e na Política, tendo subsídios para construir pessoas plenas e envolvidas no progresso da nossa sociedade.

Com esta obra e com o seu trabalho, o autor mostra o quão apaixonado e entusiasta é pela Astronomia, além de ser, certamente, um homem com Altas Habilidades ou Superdotação, pois quem o conhece e a sua história percebe os indicadores de capacidade acima da média, o envolvimento com a tarefa e a criatividade.

Não há palavras para descrever tamanha honra em escrever o prefácio desta linda obra de um homem com uma inteligência tão grande, mas que se iguala a outras tantas qualidades suas, como a benevolência, a humildade, a generosidade em compartilhar seu conhecimento e a resistência frente a tantas desigualdades.

Sigamos unidos nesta luta que é educar no Brasil, resistindo para fazer a diferença junto àqueles e àquelas que pudermos alcançar.

Porto Alegre, 11 de maio de 2019.

Aline Russo da Silva

Professora da Educação Básica

Coordenadora da Sala de Inclusão e Recursos para Altas Habilidades

Escola Jean Piaget, Zona Norte de Porto Alegre-RS

APRESENTAÇÃO

O principal objetivo deste livro é fomentar a curiosidade por Ciências e levar, para a sala de aula e também para a vida das pessoas portadoras ou não de indicadores de altas habilidades, perguntas científicas e ideias sobre como a Natureza é e funciona. Em particular, aspectos básicos de Astronomia (movimento da Terra e da Lua, fases da Lua, estações do ano, eclipses, sistemas planetários, gravidade, vida no Universo, entre outros), Física, História e Filosofia da Ciência, além de aspectos essencialmente humanos e identitários da vida da personagem principal são abordados de maneira simples e objetiva. Em geral, o livro é dividido em quatro momentos dialógicos que levam seus leitores a um passeio por grandes questões do Universo. Em um primeiro momento, apresenta-se a família de Antônia e, na sequência, a sua escola. O encontro de Antônia e Urânia potencializa e concretiza o terceiro momento da história. O quarto e último momento, que se estende por vários capítulos, materializa-se na busca pelo tesouro cósmico. Ao longo do texto, os leitores terão a oportunidade de acompanhar os desdobramentos, as reflexões e os desabafos de Antônia em seu diário: poderá Antônia ter as respostas que procura? Qual é o papel de Urânia na vida dela? De onde viemos? Para onde vamos? Por que estamos aqui? Há vida lá fora? Estamos sozinhos no Universo? Essas são algumas das perguntas mais fundamentais sobre as quais os leitores terão a chance de refletir por meio dos olhos, dos pensamentos e das aventuras da menina Antônia.

O Autor

SUMÁRIO

CAPÍTULO I
A CASA 15

CAPÍTULO II
A ESCOLA 23

CAPÍTULO III
A TEMPESTADE 27

CAPÍTULO IV
URÂNIA 31

CAPÍTULO V
NOITE DE PIJAMAS 41

CAPÍTULO VI
AS QUATRO ESTAÇÕES 51

CAPÍTULO VII
A GINCANA 59

CAPÍTULO VIII
GÁS E POEIRA 69

CAPÍTULO IX
ROCHAS E METAIS 79

CAPÍTULO X
GELO E POEIRA 89

CAPÍTULO XI
PEQUENOS CORPOS 95

CAPÍTULO XII
OUTROS MUNDOS POSSÍVEIS 101

SUGESTÕES DE LEITURA 107

Capítulo I

A CASA

Teçá, que significa "olhos atentos" em Tupi-Guarani, é o tipo de cidade do interior onde o tempo parece não passar. As nuvens no céu, os cachorros nas ruas, os pássaros nas árvores, a brisa do rio... para onde quer que eu olhe tudo é lembrança. Essa cidade abrigou os meus ancestrais. Nas paredes do meu quarto, na Rua do Arame, vejo, projetadas pela luz do Sol, nuvens e sombras que invadem o quarto pelas frestas do telhado. De relance, por meio das irregularidades entre uma telha e outra e com um pouco de luz morna no rosto, observo o Sol marcar posição no céu. Pela intensidade da luz e pelas formas das sombras projetadas na parede, estimo que são por volta das sete horas da manhã. Quando desponta no horizonte, o Sol *caminha* ao longo do dia, lentamente a marcar o tempo, de um lado para o outro no céu, por uma linha imaginária, como se fosse o ponteiro do relógio antigo da sala de estar de vovó. À tarde, do lado oposto do horizonte por onde vejo o Sol despontar de manhãzinha, este se descolore e esconde-se aos passos de uma tartaruga. Esse movimento diário do Sol – de nascer de um lado da minha casa, mover-se ao longo do dia para finalmente se pôr do outro lado da rua, como se fosse um garoto a brincar de esconde-esconde – é recorrente no céu. Eu não o vejo nascer, nem se pôr, dia após dia, no mesmo lugar. Confesso que o movimento diário do Sol é um mistério para mim. Como pode o Sol se mover? É o que vejo diariamente. E o pior é que, como num baile de máscaras de Carnaval, eu não posso olhar diretamente para ele; sei que ele está lá fora todos os dias, mas a sua luz intensa impede-me de olhá-lo diretamente, pois, do contrário, teria a retina dos meus olhos queimada rapidamente.

Depois que o Sol se esconde por detrás do horizonte, as minhas pernas tremem e o meu coração dispara. A minha respiração acelera como se estivesse numa montanha-russa. O espetáculo acima da minha cabeça é ainda mais bonito. Vejo, com a alegria de um palhaço, aparecer a Lua e as estrelas no céu – umas mais fracas e outras mais brilhantes. Vejo também corpos que não cintilam à primeira vista, como as estrelas. Identifico a "estrela D'Alva" que vovô primeiro mostrou-me do quintal da minha casa no meu aniversário de 5 anos. Foi ele quem me disse que a "estrela D'Alva" não cintilava. Hoje vejo que ela cintila algumas vezes, quando se aproxima do horizonte. Além disso, quando olho atenta para o céu, já bem tarde da noite, noto "estrelas cadentes"; elas riscam o céu de Teçá como se fossem vaga-lumes. Segundo mainha, quando isso acontecer, devo fechar os olhos e fazer três pedidos. Mas, para ser sincera, eu desconfio dessa história. Nem mesmo sei para quem tenho que fazer esses pedidos... Vovô me disse que as estrelas cadentes e a "estrela D'Alva" não são estrelas, mas eu não faço ideia de onde ele tirou isso. Deve ser das experiências da vida. Ele já viveu tanto...

Engraçado, por que será que me chamo Antônia? Como as pessoas dão nomes às outras, às coisas e aos objetos à sua volta? Por que será que chamamos "estrelas" corpos que, na verdade, não são estrelas, como a "D'Alva" e as cadentes? Eu observo que as estrelas também se movem lentamente, noite após noite. A Lua e a "estrela D'Alva" parecem seguir a linha imaginária por onde o Sol vaga todos os dias. Por que será que a Lua aparece à noite e também de dia? E o que faz a Lua e as estrelas se moverem no céu? Estamos sozinhos no Universo? De onde viemos? Para onde vamos?

O céu de Teçá, pouco iluminado pelos postes da cidade, parece um oceano de estrelas; há tantas estrelas no céu da minha cidade quanto os incontáveis grãos de areia do mar. Quando falta luz, o nosso céu parece uma orquestra de vaga-lumes ou as noites alegres da Festa de São João com as suas fogueiras irradiantes. Olho para cima e tenho a sensação reconfortante de estar no centro de uma grande semiesfera; uma abóbada, na qual, sobre a minha cabeça, vejo os astros passarem, um após o outro, numa *dança*, separando a noite do dia, delimitando o avançar das horas e a contagem do tempo. Consigo olhar para o céu e ver imagens variadas, de marujos ao mar, de animais, de pessoas, de objetos diversos. Ao fechar os olhos, posso, de verdade, escutar o tic-tac deste relógio natural que faz ruído em minha cabeça. É o mesmo relógio que toca de manhãzinha para me lembrar que tenho que ir à escola.

Em silêncio e de olhos abertos, observo as estrelas moverem-se na abóbada. Elas se movem, de leste para oeste, em torno de um ponto fixo no céu. Olho para esse ponto e vejo passar por ele, imaginariamente, o prolongamento do eixo Norte-Sul da Terra, o qual fura o céu no infinito. É em torno desse ponto que observo os corpos dançarem como se estivessem numa ciranda. Segundo a minha professora, esse ponto no céu é o polo elevado, o polo do hemisfério onde eu me encontro. Meço com os olhos a altura desse ponto fixo e vou desenhando com os braços, como se estes fossem um transferidor das aulas de educação artística e de geometria, a abertura angular que vai desde o ponto fixo no céu (ou polo elevado) até o meu firmamento (o meu chão), materializado pelo quintal ou pelo chão da varanda da minha casa ou, ainda, pelo descanso de braços da minha janela. Espanto-me quando a professora me diz que a altura angular do ponto fixo no céu, em torno do qual todos os corpos estelares parecem se mover, até o chão do meu lugar define a latitude do lugar de observação, o lugar onde me encontro, a latitude de Teçá. É a latitude que me ajuda a saber onde estou na Terra. Fico a pensar, intrigada, sobre essa coincidência geométrica que une o céu e a Terra.

Segundo a professora, quando, à noite, ligo imaginariamente, ponto a ponto, o movimento das estrelas, elas parecem caminhar em semicírculos, cuja inclinação em relação ao meu chão depende do lugar onde estou na Terra, depende da latitude do lugar. Se pudesse estar agora mesmo numa cidade no equador da Terra, onde a latitude é zero grau, veria os astros passarem perpendicularmente a meu horizonte (chão), ou seja, fazendo um ângulo de noventa graus com o meu chão. Noventa graus é o mesmo ângulo entre o tronco de uma árvore reta e o chão onde está fincada. Noventa graus é o ângulo que marca o encontro de duas ruas numa encruzilhada.

No entanto, se viajasse em pensamentos a uma cidade bem no polo extremo da Terra, a 90º do equador, lá no polo sul, veria as estrelas moverem-se circularmente e paralelamente ao meu chão em torno desse polo, que é o ponto fixo no céu ao redor do qual todo o "céu" parece se mover naquele hemisfério. Em Teçá, de acordo com a professora, por estarmos abaixo do equador, ou melhor, num lugar intermediário entre o polo sul e o equador terrestre, vejo as estrelas moverem-se em torno daquele. Elas desenham, nesse movimento, arcos inclinados 90º menos o módulo da latitude do lugar onde me encontro, ou seja, em relação ao meu chão. No equador terrestre, a latitude é zero grau por definição e, nos polos, 90º em valor absoluto. É por isso que, para alguém nos polos, o movimento das estrelas é paralelo ao horizonte, ou seja, não há inclinação e, no equador, onde a latitude é igual a zero grau, ele é perpendicular ao firmamento, já que os arcos se inclinarão a 90º. Nesse caso, os semicírculos aparecerão sempre paralelos ao equador, o qual passa imaginariamente pela linha Leste-Oeste do meu lugar, isto é, pelo lado nascente e poente do Sol. Nesse ir e vir dos astros, passam-se as horas, os dias, as semanas, os meses e os anos. Os astros parecem marcar o tempo. O meu tempo. O tempo de brincar, de acordar, de ir à escola, de fazer os deveres escolares. O tempo que ainda não vivi.

Com essas palavras, Antônia encerra mais uma página do seu diário e, antes de dormir, pede benção à sua mãe, gritando da cama:

— Benção, mainha.

— Deus te abençoe, minha filha. — e a noite e a madrugada seguem tranquilas na velha Teçá.

Antônia, os três irmãos, Carlos, Joaquim e Marta, e os pais, Dona Maria e Seu Tiago, vivem em Teçá, uma cidade do interior, entre o litoral e o sertão. A principal renda da cidade é a feira livre e o comércio. A ponte de madeira sobre o rio divide Teçá em duas regiões, a de cima e a de baixo. As ruas da cidade são cobertas por paralelepípedos com geometrias variadas. E, na praça central, está a Igreja Matriz, cujo sino ecoa diariamente às seis horas da manhã e às seis horas da tarde, fazendo com que passarinhos cantem quase que na mesma frequência das batidas do sino. Dona Maria, remanescente quilombola, fora empregada doméstica dos 12 aos 16 anos e, com a ajuda da madrinha, conseguiu estudar por três anos, o que lhe deu autonomia para assinar o nome legível no próprio documento de identidade, para ler a bula dos remédios da senhora cadeirante de quem ajudava a tomar conta, para ler as receitas de bolo de mandioca e tapioca que tinha que preparar três vezes por semana aos patrões e, ainda, para ler os textos simples das suas fotonovelas prediletas. Por meio das fotonovelas, Dona Maria transportava-se para outros mundos. Imaginava uma vida diferente da que levava, menos dura.

Dona Maria era uma mulher excessivamente do lar, dedicada à família, vivia para os filhos e a cantarolar. Aprendeu a cantar na Igreja Católica, durante os preparos para a sua Primeira Comunhão. Seu maior sonho era casar-se na Igreja, de branco, véu e grinalda. Seu Tiago, por sua vez, nunca havia posto os pés em uma escola. O mundo dele era como uma folha branca do caderno de desenho dos filhos; *"sem cores"*, repetia ele, já que não aprendera a ler, nem a escrever. Seu Tiago era incapaz de decifrar os códigos da vida prática e, sempre que precisava ler algum documento, pedia ajuda a Antônia. Ferreiro por ofício, passou a vida ajudando o pai na roça da família, cuidando do gado, limpando o pasto, plantando. A família tinha uma vida simples e, para ajudar na renda, mantinha uma pequena quitanda na própria casa. Nas horas vagas, o lazer de Dona Maria era costurar para a família. Mantinha os olhos atentos na agulha e os pés firmes no pedal da máquina de costura que pertencera à sua mãe. A velha máquina, encostada em um dos cantos da casa simples e enfeitada com uma toalha de remendos coloridos, era, pelo valor sentimental, uma espécie de relíquia, a mais importante fortuna da família.

Apesar do pouco estudo formal, Dona Maria era uma mulher inteligente, sensível, que incentivava os filhos a estudar e a buscar uma vida melhor. Apesar das agruras, era uma mulher forte, de autoestima vibrante, que tentava a todo custo passar a força do bom viver aos filhos. Queria que eles, diferentemente dela, conseguissem realizar seus sonhos, que aprendessem, desde cedo, que a cor da pele, o cabelo crespo ou o endereço de periferia não poderiam significar o limite da vida. Ela queria, acima de tudo, que entendessem que, quando as desigualdades estão presentes e marcantes, é preciso criar, de algum lugar, as oportunidades e lutar por elas. Para isso, ela repetia que sonhos não são negociáveis, embora tivesse adiado muitos dos seus próprios sonhos por inúmeras razões. E com Antônia e Marta, por serem mulheres, Dona Maria era ainda mais dura, uma vez que planejava para as duas filhas um futuro diferente do qual ela teve. Quase sempre, por sua simplicidade, Dona Maria não sabia expressar seus sentimentos em palavras, mas o fazia intimamente, por meio da sensibilidade de quem experimentou o limite e as asperezas da vida. Ela dizia, aos risos, que o seu otimismo e a sua alegria de viver eram o maior legado que ela poderia deixar aos filhos, sobretudo para suas filhas.

— Acorda, cambada! Está na hora de buscar o pão. — ordena Dona Maria por volta das seis horas da manhã de sábado, pouco antes de sair à feira ao som do sino da Catedral.

— Vixe, mainha, é muito cedo. Queremos dormir um pouco mais. E não queremos pão! Queremos comer fruta-pão hoje! — respondem, em coro e cansados, Antônia e seus três irmãos, ao chamado de uma mulher cantarolante:

— *Ciranda, cirandinha / Vamos todos cirandar! / Vamos dar a meia-volta / Volta e meia vamos dar / O anel que tu me destes / Era vidro e se quebrou / O amor que tu me tinhas / Era pouco e se acabou / Por isso, Dona Rosa / Entre dentro desta roda / Diga um verso bem bonito / Diga adeus e vá se embora.*

Sonolentos, Antônia, Carlos e Joaquim levantam vagarosamente da cama que dividem e vão em direção à cama de Marta, que finge dormir. Cochichando, Antônia propõe a Carlos e a Joaquim que passem o dia a brincar de amarelinha, a pular corda, a jogar pião e a brincar de gude defronte da casa. Joaquim, balançando a cabeça, concorda. Carlos, por sua vez, sugere que aproveitem o dia de vento suave para empinar pipa ou rolar pelas areias do rio da cidade. Em seguida, os três saem correndo para o quintal da casa para assegurar o café da manhã que queriam. A fruta-pão mais parecia uma jaca.

Ao entrarem na cozinha da casa com a fruta-pão em mãos, Dona Maria, cantarolante, volta-se para os armários da cozinha e tira de dentro uma toalha, que é acomodada no chão. Cozida em água e sal, a fruta-pão está pronta para ser servida alguns minutos depois. Todos sentam na toalha para o café da manhã, hábito mantido desde a infância de Dona Maria.

Durante as refeições, a casa de Dona Maria e Seu Tiago parece o mercado da cidade, com todos falando ao mesmo tempo. Às vezes, as crianças falam com a boca cheia, para desespero de Dona Maria. O horário das refeições é o momento de discutir variados assuntos, até mesmo sobre a vida da vizinhança, e o mais aguardado: ouvir as histórias de infância da mãe. Sentados sobre a toalha ao chão, Antônia e os irmãos criam teorias para explicar o que a imaginação de cada um, sozinha, não dá conta. Era assim todos os dias. Refeições acompanhadas de muitos risos e, algumas vezes, lágrimas.

— Um beija-flor, crianças! Tem um beija-flor na cozinha! — exclama, com entusiasmo, Dona Maria, que continua:

— Lá no quilombo onde vivíamos, papai nos dizia que sempre que um beija-flor adentra a nossa casa é sinal de que há harmonia em nosso lar e que logo receberíamos uma notícia de longe. Ah, que saudade de papai! O avô de vocês era um homem simples e bom. Vejam, crianças, que lindo o beija-flor, voando e picando o vento. — repetia emocionada com as lembranças do pai que já tinha partido.

Antônia observava atenta aos movimentos do beija-flor. Em seus diários, ela, uma menina negra, com altas habilidades, com uma inteligência acima da média para sua idade, com um senso de humor diferenciado e uma preferência em se relacionar com pessoas mais velhas, autodenominava-se uma adolescente sonhadora, curiosa, que tinha problemas em entender as limitações que os adultos tentavam colocar nela pelo simples fato, na sua interpretação, de ter nascido menina. Perguntava, exaustivamente, sobre tudo o que estava à sua volta. Dona Maria, para escapar das perguntas difíceis da filha, chamava-a de criança enxerida. Bradava, sem rodeios, que Antônia se metia demais nas conversas dos adultos, pois, do contrário, para uma menina de pouca idade, não poderia ter tantas perguntas complicadas guardadas naquela cabeça. No entanto, buscando não ser notada, Dona Maria ria sozinha da curiosidade da filha. Sentia orgulho de Antônia. Sabia, no fundo, que as perguntas da filha faziam sentido, mas ela é que não tinha condições de respondê-las.

— Quem já se viu, Antônia! Que pergunta é essa, minha filha? Como posso explicar, menina, o porquê de um beija-flor ser capaz de se sustentar parado no céu? Como posso explicar, minha filha, por que o pião gira sem cair por tanto tempo? — questionava-se Dona Maria, sentindo-se um pouco perdida. — Eu realmente gostaria de saber de onde você tira essas perguntas difíceis, Antônia! Que mundo é esse dentro dessa sua cabeça? Um dia, minha filha, você vai ganhar o mundo e poderá encontrar respostas para as suas perguntas. Mais do que responder, você vai experimentar a vida. Vai cair e se levantar várias vezes. A vida, Antônia, é um jogo, que a gente não sabe onde vai dar. Muitas vezes um jogo de cartas marcadas.

— Eu não quero ganhar o mundo, mainha. Quero ficar aqui com a senhora para sempre, em Teçá.

— Não, minha filha, a gente cria filho é para o mundo. É doloroso ver um filho partir, mas essa é a graça da vida. Como o beija-flor que voa livre, você vai voar um dia. Vai buscar a sua vida. Se eu estou preparada para esse dia? Não, não estou. Acho que nenhuma mãe está. Mas sei que esse dia vai chegar, mais cedo ou mais tarde, esse dia vai chegar... Você e seus irmãos vão sumir no mundo um dia e nem vão lembrar que eu existo.

Antônia, cabisbaixa e em silêncio, vai à oficina do pai. Com os olhos esbugalhados, observa atentamente seu pai forjar o ferro e, com habilidade de muitos anos de labuta, produzir peças de diferentes tamanhos, milimetricamente calculadas. Antônia, em silêncio, ainda refletia sobre o que acabara de ouvir de sua mãe. Ao mesmo tempo, olhando as fagulhas que saltavam do torno à medida que o pai trabalhava nas peças metálicas, perguntava-se de que poderiam ser feitos os metais, os martelos e as ferramentas que o pai usava. Se pudesse quebrar o martelo em pedacinhos cada vez menores, onde, afinal, chegaria? — questionava-se ela, sem resposta.

Antônia era decerto uma menina curiosa, inteligente e sensível. Reclusa por muitas horas no seu diário, não entendia por que ouvia da vizinhança que não podia se misturar aos demais colegas do bairro e tampouco entrar em suas casas para assistir à TV. Ela não entendia o comportamento por vezes indelicado, hostil e agressivo de alguns dos vizinhos, de alguns colegas na escola, mas sabia que tal comportamento estava relacionado ao que a sua mãe sempre lhe dizia: que a cor da pele era um bem valioso na pequena Teçá, que meninos e meninas negras eram diferentes dos demais, que havia um *defeito de cor* nas relações diárias, mas que ela, apesar de tudo, era amada em sua própria casa.

Como uma menina que era capaz de se encantar com o movimento diário e aparente do Sol no céu ou que, à noite, deliciava-se com a luz da Lua refletida no rio da cidade, ou que punha um largo sorriso no rosto todas as vezes que distinguia uma estrela de um planeta no céu escuro da cidade, poderia representar perigo aos seus próprios vizinhos? — pensava ela e, mais uma vez, sem resposta.

Em meio a tantas perguntas, era para o céu que Antônia olhava e colocava os seus pensamentos, talvez até com o desejo último de se desligar do mundo e da realidade local que lhe parecia tão dura — não apenas pela situação econômica e social de sua família, mas pelo preconceito e pelas piadas que tinha que tolerar na escola e no bairro onde vivia, ou por conta da cor de sua pele, do seu cabelo, ou por ser uma menina que queria de tudo saber. Ao anoitecer, da varanda e da calçada de sua casa, Antônia passava horas olhando para o céu a imaginar um mundo diferente. Sempre curiosa e buscando fugir dos problemas da sua própria realidade, indagava-se sobre a origem dos planetas, da Lua, das estrelas, das constelações e de tantas outras coisas que ela contemplava de maneira solitária no céu escuro da velha Teçá. Talvez, entre as estrelas, pudessem viver pessoas mais solidárias umas com as outras e menos preconceituosas, pensava ela, com uma maturidade que ia além da sua tenra adolescência.

Eu amo o meu cabelo crespo e a cor da minha pele. A minha autoestima acompanha a expansão acelerada do Universo. Não vou desistir dos meus sonhos — repetia, Antônia, em seus diários.

Capítulo II

A ESCOLA

Eu não posso reclamar muito. Enquanto a minha escola fica a cinco minutos de casa caminhando, alguns dos meus colegas caminham léguas para chegar até as deles. A minha fica na esquina da Rua Cordeiro e é um prédio amarelo, isolado, com salas pequenas e pouco ventiladas, amontoadas de cadeiras quebradas, mais lembra uma caixa. Diante do portão frontal, de grade desbotada, cadeado enorme e corrente enferrujada, uma senhora vende doces, água e geladinho todos os dias, de segunda a sexta-feira.

Os meus pais sempre me aconselharam a estudar, a ter gosto e zelo pela escola. E eu tomei gosto. Antes de sair de casa a caminho da escola, sinto uma enorme alegria quando olho para a farda escolar sobre a cama de mainha. A calça de tergal azul marinho, a camisa branca fina com zíper até a gola a exibir o escudo da escola e o par de congas brancas mais parecem roupa de ir a casamento ou a alguma festa importante. Quando estou fardada e com a mochila à mão, sinto-me como se estivesse indo para outro mundo, para um lugar diferente, onde posso sonhar e imaginar mundos distintos, outras possibilidades de realização. A escola é o lugar dos mundos possíveis. É o meu lugar favorito no Universo.

A caminho da escola, desfilo pelos paralelepípedos do meu bairro como se fosse uma *top model*. Ir para lá é o maior prazer que sinto na vida. De dezembro a março, quando estou em período de férias, fico extremamente entediada. Parece que perdi um braço, uma perna. A vida fica lenta, feia e sem graça, parece perder o sentido, e as férias parecem infinitas.

A escola é simples. Não há livros didáticos todos os anos. Falta material para desenhar, para escrever, para que as professoras preparem os testes e as provas. Faltam jogos educativos, mapas, globos e cartazes ilustrativos espalhados pelas paredes. Com frequência, o único bebedouro da escola está quebrado, e o banheiro vazando. As pias e os dois vasos sanitários, um para meninos e outro para meninas, estão sempre entupidos. Não há TV, nem outro tipo de recurso multimídia disponível para auxiliar as aulas das professoras. Faltam assentos para que os mais de 50 estudantes por turma se acomodem. Falta giz. Há disciplinas sem professoras. Não há biblioteca. Alguns romances e dicionários são enviados com certa regularidade pelo governo, mas não saem da sala da diretora. Ela diz que não tem onde colocar os livros e empresta-os aos amigos e familiares. Na minha escola, não há laboratório de Ciências. Falta uma quadra esportiva. Não há, sequer, um lugar adequado para praticar as aulas de Educação Física que acontecem no turno oposto às outras aulas. Improvisos atrás de improvisos. E não preciso dizer, claro, que, antes de sair para a aula de Educação Física, eu preciso ajudar em casa, lavar os pratos, varrer os cômodos da casa e o quintal, limpar o banheiro. Mas, ainda assim, eu vou, não perco uma aula de Educação Física, que também é dada pela professora de História.

Na escola, há dois pavilhões de sala de aula e, no centro deles, há uma área livre, cheia de pedras, onde improvisamos jogos de baleado e, com um elástico, as partidas de vôlei entre uma aula e outra. As britas danificam os nossos sapatos. Quase todos os estudantes têm sapatos furados por conta delas. A merenda nem sempre vem e, eventualmente, fazemos bochecho coletivo com flúor e passamos por inspeção por causa da infestação de piolhos. Dentro da escola, próximo ao portão principal, há um mastro, uma espécie de porta-bandeiras, onde realizamos pequenos encontros em datas comemorativas como o Dia da Bandeira Nacional, o da Independência do Brasil e o da Proclamação da República. Também entoamos, uma vez por semana, o hino de Teçá.

Eu gosto das professoras, embora muitas delas faltem demais. Apresentam, ao longo do ano, inúmeros atestados médicos e frequentemente ficamos sem aulas de disciplinas importantes. Desconfio que as professoras fiquem de fato doentes, que não estão mentindo, como sugerem alguns dos meus colegas mais maldosos. Fico a pensar: estão doentes por conta do giz? Das condições de trabalho? Dos baixos salários? Por problemas pessoais em suas casas? Por problemas de relacionamento com a direção da escola e com outras colegas? Pela falta de respeito de muitos pais? Pela falta de segurança na escola? Por conta do barulho insano que fazemos todos os dias? Ou será por conta desses fatores juntos, além de outros que eu não faço ideia?

Não, não tenho resposta, mas sei que a vida das professoras não é fácil. De fato, nós não somos fáceis e atazanamos a vida delas, dia após dia. Por inúmeras vezes, vejo professoras sendo desrespeitadas pelos pais de alguns dos meus colegas. Eu me revolto quando vejo que pais que raramente aparecem na escola para acompanhar o desempenho dos meus colegas ou nunca respondem às solicitações de comparecimento às reuniões pedagógicas não se cansam de tirar satisfação com as professoras da forma mais mal-educada possível, quando os filhos deles chegam em casa reclamando que a professora Fulana de Tal disse isso ou aquilo em sala de aula, ou que não os tratou como eles achavam que ela deveria.

Bom, a mais pura verdade é que também há professoras que prefiro esquecer, principalmente quando me dizem que este ou aquele não é comportamento de menina ou quando duvidam da minha capacidade de sonhar e mudar a minha realidade. Apesar de tudo, eu até que as compreendo. A realidade da escola pública não é fácil, a realidade do bairro onde vivo não é moleza e os meus colegas são bem complicados. Na média, eu gosto das professoras. Elas são mulheres ativas, que nos incentivam, nos ajudam, nos animam, nos inspiram e nos propõem atividades interessantes. Além do estímulo dos meus pais, isso também é o que me motiva a ir para a escola todos os dias. Os meus colegas, coitados, não têm incentivo em casa. Muitos deles têm pais alcoólatras, desempregados, sentem-se desamparados e acham que são incapazes de aprender. Eles têm uma enorme dificuldade em acompanhar as aulas de Português, Matemática, História, Geografia e Ciências.

Matemática é o bicho papão da escola. Somar, multiplicar, dividir, subtrair é igual à reprovação em massa. E as professoras de Matemática são especialmente odiadas por 9 em cada 10 estudantes. Eu escuto cada coisa terrível a respeito delas... Mas elas não merecem, coitadas! A professora de Português é exigente, dedicada; a de História nos faz decorar respostas imensas sem o menor sentido para nós; a de Geografia nos ensina a confeccionar mapas variados e fazer análises de que eu particularmente gosto muito; a de Ciências diz, orgulhosa, que fez o curso de Biologia por meio do rádio e por correspondência, mas, claramente, é apaixonada por Ciência e consegue nos transmitir parte dessa paixão.

Verdade seja dita, a minha escola tem muitos problemas e falta muita coisa. Mas o que mais me incomoda lá é ter que lidar com os meus colegas... Como eles são difíceis! Fazem barulho. Atrapalham a aula o tempo todo. Fazem questão de ser chatos e inconvenientes. Fazem chacota de todo mundo. Enviam mensagens pesadas a mim e a outras colegas que não fazemos parte da patota deles. Nas paredes do banheiro, escrevem palavrões e frases ofensivas dirigidas a mim, ao meu cabelo, à cor da minha pele e às professoras. Acho que eles, esses meninos, não gostam de nós, meninas, e das meninas negras em particular. Eles acham que somos fracas, pouco capazes, inferiores a eles, que aparentemente têm a força. Promovem, no recreio, brincadeiras pesadas envolvendo agressões físicas, ameaças e estimulam situações que comprometem a nossa liberdade. Nas Festas de São João, os meninos não querem dançar comigo porque eu sou negra. A escola é, para mim, uma fortaleza, o meu lugar de refúgio, mas é também o meu calvário, o meu pesadelo diário; o lugar que me dá esperança de uma vida melhor, mas também aquele que me dá muito medo. Por isso, quando volto para casa, prefiro o silêncio. Não conto para os meus pais muitos dos acontecimentos sinistros que presencio e experimento em minha escola, porque eu não quero que eles me tirem de lá.

Acho lamentável que, por alguma razão que desconheço, os meus colegas não consigam tirar das aulas de Português, Matemática, História, Geografia e Ciências um incentivo a mais para dar sentido aos seus dias e às suas noites... às suas próprias vidas, a fim de entender a adolescência e as transformações pelas quais passam o corpo e a cabeça, de compreender as transições que marcam os conflitos entre o mundo infantil e o mundo adulto que cada um de nós experimenta nessa fase da vida para se projetar no futuro e ter a paciência de esperar a nossa vez. Que não consigam resistir à pressão dos grupos que espalham medo e terror no bairro. É triste perceber que muitos não vão chegar aos 18 anos, que não consigam olhar para o céu de Teçá e enxergar o que eu enxergo. Eu sou diferente. Sinto isso. Diferente não só pelo meu cabelo crespo, por minha pele negra, por ser menina, mas também porque gosto de poesia, olhar para o céu e escrever no meu diário. Gosto de fazer perguntas, e elas pulam da minha cabeça para a minha língua como se fossem o meu coração palpitando. As minhas palavras têm pressa de serem ditas. A verdade é que eu tenho muitas perguntas, quase todas sem respostas. A escola me ajuda a responder muitas delas, mas entendo que muitas outras só serão respondidas pela vida. Outras seguirão sem respostas. Mas eu seguirei perguntando.

Boa noite, diário.

Capítulo III

A TEMPESTADE

Em dias de chuva, a velha Teçá é de papelão. Caos. Desespero. Correria. Gente sem teto e sem esperança. Os deslizamentos, principalmente nos bairros mais pobres como o meu, são frequentes. Entre os paralelepípedos, a água corre desenfreada por meio das vielas, sem pedir licença. Ruas inteiras alagadas por conta dos bueiros entupidos com o lixo acumulado das feiras livres semanais. O mercado, onde acompanho mainha aos sábados a comprar caranguejos e siris, frutas e verduras multicores e outras iguarias típicas, também fica interditado após as pesadas chuvas. A cidade transforma-se. Para ir à escola, necessito atravessar a Rua da Canoa, cujo nome, ironicamente, já diz tudo. Misturados à água da chuva, os dejetos fétidos do esgoto a céu aberto, os sacos, as sacolas, os canudos plásticos, as garrafas plásticas de refrigerante.

Em casa, os dias de chuva são sempre vividos com pesar. Tenho medo das fortes chuvas e tempestades. Aliás, um medo hereditário, herdado de mainha. Em casa surgem goteiras por todos os lados. Os buracos no telhado da casa são produzidos pelos muitos gatos que perambulam sobre ele. Não, não posso ser tão injusta assim. A culpa não é apenas dos gatos. Os meus vizinhos têm esta perversa mania de se divertir: jogam pedra no telhado da casa dos outros. Divertem-se sadicamente, mas, nos dias de chuva, não é nem um pouco engraçado espalhar panelas e baldes por toda a casa para aparar a água que cai pelas goteiras, que mais parecem cachoeiras. Para piorar ainda mais a minha insatisfação, algumas das goteiras estão localizadas bem acima da minha cabeça, na cabeceira da cama que divido com dois dos meus irmãos.

A chuva, não sei explicar bem, deixa-me melancólica. A tempestade, os raios e trovões me dão medo. Gosto quando venta forte, porque os ventos, orquestras da Natureza para mim, sopram para longe as nuvens carregadas que pairam sobre a minha casa. Quando a trovoada se forma ao longe, e a chuva forte vem, eu fico apreensiva. Os fenômenos da Natureza me fazem pensar nos fascínios do Universo. De alguma maneira, as tempestades fortes de verão me fazem sentir pequena perante a fúria da

Natureza. Com a tempestade, eu me ligo novamente às grandes questões que me acompanham e que adulto algum é capaz de me responder, de saciar as minhas curiosidades. De alguma maneira, desconfio, é a tempestade que me faz refletir sobre muitos dos processos que eu não entendo na Natureza. Como serão, por exemplo, as chuvas em outros planetas? Os ciclos d'água em outros lugares do Sistema Solar?

— Filha, por favor, feche esse diário e não saia de casa. Os seus irmãos já chegaram da escola e sua irmã está em casa. Parece que vai chover bem forte hoje, com relâmpagos e trovões. Olha lá fora, já está escuro e parece noite. Há nuvens bem carregadas no céu, e eu posso sentir no ar o cheiro de chuva vindo. — afirma, preocupada, Dona Maria.

— Sim, mainha, eu não vou sair. Escuto alguns trovões. A sensação é que vai cair o mundo...

— Sim, parece que vai cair o mundo, minha filha.

— Na aula de hoje, a professora de Ciências falou sobre cometas. Ela nos disse que muitas pessoas acham que o mundo vai se acabar quando cometas passam próximo à Terra.

— Que história é essa, menina? Lá vem você com essas conversas — indaga Dona Maria, impaciente.

— Mas mainha, eu não acredito nisso. Não sei ao certo o que é um cometa, mas tenho certeza de que o mundo não vai acabar tão cedo. São as pessoas que estão dizendo isso na rua, na escola, pelo bairro... e por aí.

— Filha, eu também não sei o que é um cometa, mas, para mim, o mundo vai acabar hoje mesmo, com essa forte chuva que está chegando. Valei-me, Nossa Senhora! Eu morro de medo de trovões, de ventos fortes e de relâmpagos. Não consigo fazer nada quando chove assim. Sinto muito medo e fico arrepiada com esses estrondos. Olha aqui para os meus braços, estou toda arrepiada. — completa Dona Maria.

Cerca de 30 minutos depois, o céu de Teçá, que já estava escuro, fica preto como a noite. Ventos fortes sopram isotropicamente em todas as direções. Dona Maria, seu Tiago e seus quatro filhos reúnem-se no quarto à espera do fim da tempestade. De repente, vê-se um forte clarão de relâmpago seguido de um estrondo de trovão. Parecia que um terremoto chacoalhava o firmamento da casa simples da família. Dona Maria, pensativa, conclama:

— Meus filhos, está relampejando. Vamos cobrir pela casa tudo o que reflete luz. Sempre aprendi com os mais velhos que com relâmpagos não se brinca.

Precisamos respeitar a Natureza. Corram, cubram os espelhos da casa e a porta da geladeira. Cubram tudo o que reflete a luz. E, depois, venham aqui para o quarto. Vamos rezar até essa trovoada passar.

Seu Tiago, como todo pai zeloso, ajuda os filhos na tarefa que a esposa lhes havia incumbido e, aos risos, fazia graça do medo pouco natural da mulher frente ao que ele chamava de uma simples chuva forte, daquelas típicas de Verão, com raios, relâmpagos e trovões, e ria, em particular, das superstições da esposa, meio sem pé e sem cabeça. Entre orações e expressões de medo, o silêncio foi aos poucos se instaurando na casa, quebrado apenas a cada clarão forte que se repetia, sinal de que outro relâmpago acabara de cortar o céu, ou quando o ruído forte e ensurdecedor do trovão tomava conta da casa.

— Calma, mainha, calma! — exclamava Antônia, tentando, em meio ao nervosismo da mãe, perguntar-lhe qual era a diferença entre um raio, um relâmpago e um trovão.

— Filha, isso não é hora para essas perguntas sem sentido. Raios, relâmpagos e trovões são coisas de Deus. Ele que manda esses avisos de vez em quando para que nós, seus filhos, nos recordemos de que Ele não está feliz com os nossos comportamentos na Terra. — responde, mais uma vez impaciente, Dona Maria. Antônia não diz nada, mas, reflexiva, desconfia da explicação da mãe.

De repente, ouve-se um barulho mais forte do que o normal dentro de casa. Tudo começa a pipocar, lembrando fogos de artifício em noite de São João. Sobe um fumaceiro, e um cheiro forte de queimado toma conta da casa. Dona Maria, nervosa, ordena desesperadamente que todos saiam correndo, pois um raio acabara de acertar a casa deles ou alguma casa da vizinhança. Ela grita, novamente, para que todos saiam correndo, pois seria o fim do mundo e iriam certamente morrer dentro de casa. Dona Maria, a primeira a correr, chama desesperada por socorro pela rua, repetindo em voz alta que era o fim do mundo. Antônia e os irmãos seguem, chorando, a mãe e, na casa, imóvel dentro do quarto, fica apenas Seu Tiago. Enquanto Antônia corria na chuva, pensava nas palavras de sua professora sobre o caráter devastador de um cometa, que poderia levar o mundo à destruição. Em seu mundo criativo, restavam-lhe dúvidas: será que um cometa havia passado? Haveria salvação para ela e para a sua família? Seria o fim de Teçá, tal qual havia dito a professora? Seria o fim do mundo?

Socorridos e acalmados pelos vizinhos, a família de Antônia espera, aos prantos, pelo fim da chuva. Ao regressar à casa, dão-se conta de que um raio havia destruído a rede elétrica e queimado os aparelhos eletrodomésticos. A antena externa de TV da casa vizinha havia sido levada pelo forte vento para algum lugar desconhecido da cidade e, no tronco do pé de fruta-pão, podia-se avistar a marca profunda do raio que passara por ali. Antônia, aliviada, pensava fixamente sobre o cometa.

No dia seguinte à tempestade, o céu da cidade amanhece limpo. Quase não se vê nuvens no céu, e um majestoso arco-íris aparece pouco depois de uma chuva fina de final de manhã. O céu azulado nem lembrava os momentos de pânico do dia anterior. A cidade, as ruas e as praças ainda sujas denunciavam, por outro lado, o caos da noite passada. Olhando para o arco-íris, Antônia pensava nas palavras da professora a lhe explicar que o arco-íris é o resultado da interação bem-sucedida da luz do Sol com gotículas d'água suspensas na atmosfera da Terra. Sendo essa luz composta de várias cores, as gotículas d'água acabam por separá-las, o que propicia o fenômeno óptico colorido no céu. Poético. Intrigante.

Após a tempestade, Antônia e os irmãos saem para correr e brincar de esconde-esconde entre os coqueiros à beira do rio, como se nada tivesse acontecido. Habilidosos, fazem armadilhas com latas de óleo de cozinha para caçar caranguejos nos manguezais e se divertem, entre si, com as lendas da região de que uma vez mordidos por caranguejos somente uma trovoada forte os faria largar suas presas. Antônia e seus irmãos narram, ainda com medo, que jamais gostariam de passar por outra trovoada semelhante à do dia anterior. Após horas de pesca no manguezal, voltam para casa com cerca de 10 caranguejos, que logo viram uma deliciosa moqueca preparada pelas mãos de Dona Maria, com muitos temperos verdes, leite de coco e azeite de dendê. Os vizinhos, na casa ao lado, ouvem as risadas de Dona Maria e a alegria de confraternizar em família. O susto passou, e todos voltam a sorrir aliviados. O mundo não acabou.

Capítulo IV

URÂNIA

Passado o susto com a trovoada e sem contar aos pais, Antônia, os irmãos e alguns amigos do bairro decidem fazer algo diferente no final de semana. Vão ao centro da cidade para uma aventura pelo estaleiro, lugar de Teçá onde eram construídas embarcações que eles viam navegar pelas águas tranquilas do rio. Era um lugar inspirador, cujas estruturas de madeira lembravam esqueletos de dinossauros, dizia Antônia aos amigos. Livres entre os *esqueletos* das embarcações, os jovens pareciam reviver as manhãs e tardes de atividades no jardim da infância. Mal viam o tempo passar, e a fantasia voava longe. Subiam e desciam pelas estruturas de madeira atiradas ao solo, sempre chamando a atenção uns dos outros quando algum elemento ou detalhe novo aparecia no cenário. Pareciam, eles mesmos, capitães do mar, dispostos a desbravar os oceanos em busca de novas terras ou de animais marítimos ferozes.

Antônia, a mais curiosa e inquieta da turma, aos poucos se distancia do grupo em pensamentos. Começa a imaginar como seriam as embarcações dos primeiros homens e mulheres que chegaram àquelas terras muitos anos antes que ela, Antônia, existisse. Já aprendeu na escola que um navegador espanhol, Cristóvão Colombo, no século XV, em 1492, havia desembarcado num amontoado de terras depois denominado continente americano. Fazendo contas rápidas com os dedos, Antônia nota que o seu próprio país, Brasil, foi "descoberto" por portugueses alguns anos depois, em 22 de abril de 1500. "Que pensariam as pessoas que povoavam essas 'novas' terras e como elas viviam antes da chegada dos forasteiros?" — perguntava-se, em voz alta, quando, de repente, foi surpreendida por uma resposta que ecoou estaleiro a dentro:

— Infelizmente, foi mais do que uma aventura, menina. Cristóvão Colombo e os navegadores além-mar que chegaram às novas terras sabiam o que queriam e chegaram aqui no novo mundo de maneira violenta. Muitos nativos, os verdadeiros donos da terra, foram mortos, escravizados ou morreram por conta das doenças provenientes do velho mundo. "Novo" e "velho" na perspectiva dos brancos europeus que aqui chegaram. Conquista e poder, duas palavras que seduzem os seres humanos ainda em nossos dias. — disse, com convicção, a mulher misteriosa.

— Olá! Como você se chama? — pergunta Antônia.

— Desculpe-me! Eu não deveria ter me intrometido em seus pensamentos. Vou deixá-la continuar pensando em voz alta. — responde, sem graça, a mulher.

— Não, por favor. Você não me atrapalha. Eu me chamo Antônia. E você, como se chama?

— Eu me chamo Urânia.

— Urânia? Que bonito nome! Lembra-me Urano, um dos planetas do Sistema Solar.

— Então, vejo que você não se interessa apenas por embarcações, não é mesmo? Também se interessa pelo céu? Se bem que embarcações e céu têm tudo a ver... Mas você está certa... — diz Urânia, tentando se lembrar do nome da garota curiosa. — Antônia! — Sim, Antônia, você está certa... Urânia vem de uma palavra originalmente grega que quer dizer "deus do céu", e em latim é *Uranus*.

— Hum, interessante! Latim e mitologia...

— Latim é uma língua morta. Foi a língua oficial do Império Romano e, hoje, é a língua oficial da Igreja Católica Apostólica Romana. Você vai estudar isso ainda na escola, provavelmente. A mitologia é o estudo dos mitos que são, em linhas gerais, histórias baseadas em lendas, tradições, que perpassam por lógicas que relacionam toda a Natureza. Na história da humanidade, muitos mitos foram criados para explicar a organização dos corpos celestes no céu, a origem do Sistema Solar e do próprio Universo. Infelizmente, os mitos associados ao povo negro foram historicamente marginalizados, demonizados e desumanizados. Não se fala muito neles. É preciso recuperar, no Brasil, a História e a Cultura Afro-Brasileira, Africana e dos Povos Originários. Mas, com certeza, aqui na sua cidade devem existir muitos mitos.

— Entendi. Mas isso não é um mito; eu realmente me interesso pelo céu! De verdade! — ri Antônia, que completa...

— Eu leio bastante, mas tenho muitas perguntas sem respostas. A minha mãe e os meus amigos tentam, muitas vezes, me explicar sobre a arquitetura do

Universo, as coisas da Natureza, sabe? Mas eles não conseguem responder a tudo o que pergunto. No entanto, conversando aqui contigo, acho que agora compreendo o motivo de não conseguir entendê-los, principalmente a minha mãe. Ela parece interpretar o mundo por meio dos mitos. Para a minha mãe, por exemplo, alguns fenômenos da Natureza, como o vento, a tempestade, o trovão e os relâmpagos, nada mais são do que manifestações da insatisfação ou da ira de Deus. Embora respeite muito mainha, eu não acredito que seja assim. Essa é uma explicação muito simples. Está faltando algo nessa história. Eu também queria entender como funciona um pião, como é que um beija-flor voa, o que são cometas, como os planetas se movem, como o Sol se move aparentemente no céu. Quem sou eu? De onde vim? Para onde vou? Tenho tantas perguntas, Urânia, e tão poucas respostas...

Urânia, rindo, completa:

— Vejo que você é uma garota bastante curiosa para a sua idade.

— Onde você mora, Urânia? O que você faz da vida?

— Eu moro em uma cidade bem longe de Teçá. Chama-se Rio de Janeiro. Você a conhece? Já ouviu falar?

— Não a conheço. Mas mainha conta a mim e aos meus irmãos que, quando éramos muito pequenos, por volta dos meus 3 e 4 anos, nós e meu pai fomos morar no Rio de Janeiro.

— E por que não ficaram lá? Por que retornaram a Teçá? — indagou Urânia, curiosa.

— Meu pai é ferreiro, não conseguiu emprego em lugar algum e retornamos a Teçá. Fomos retirantes no Rio de Janeiro; não deu certo para nós como não deu para tanta gente. Para você ter uma ideia da mágoa de painho, ele diz convicto que, quando morrer, a alma dele jamais porá os pés no Rio de Janeiro, se ela tiver vergonha... Às vezes, fico a pensar como teria sido minha vida até aqui se tivéssemos ficados lá. Bom, mas, para ser bem sincera, eu prefiro Teçá. Aqui consigo ver bem o céu e já me disseram que no Rio de Janeiro é difícil até mesmo de ver a Lua, por conta da poluição e da luz artificial, já que há uma grande quantidade de postes na cidade a iluminar o céu em vez do chão. É assim mesmo como contam por aí, Urânia?

— Sim, Antônia, é assim mesmo. Na cidade do Rio de Janeiro, o céu é imprevisível, uma incógnita. Encoberto pelas variadas poluições. Entendo a angústia do seu pai. Já eu estou apenas visitando a sua cidade. Vou passar alguns dias aqui, de férias. Estou me recuperando de um momento triste.

— O que houve com você?

— Faz dois meses que perdi o meu bebê. — neste momento, Urânia toca na barriga. Para completar, soube, por meu médico, que não poderei mais ter filhos, e isso me abalou muito. Foram anos de dedicação à minha carreira. Fiz graduação, mestrado, doutorado, pós-doutorados que levaram anos de minha vida pessoal. E, agora, quando finalmente consegui engravidar, perdi o bebê em um aborto espontâneo e descobri que não mais poderei ter filhos. Estou passando por um momento bem especial da existência. Tenho questionado valores, prioridades, pessoas, paixões... Estou aqui para tentar esquecer esses problemas todos. Mas, enfim, você é ainda muito jovem para entender a dimensão desses problemas. Você tem muito ainda o que viver.

— Sinto muito, Urânia. Mas você poderá adotar uma criança se quiser. Aqui em Teçá há muitas crianças precisando de uma mãe, um pai, alguém que lhes dê um pouco de amor e aconchego. Família não é só homem, mulher, filhos. Família é mais: é amor, educação, respeito, afeto, entrega e cuidado.

— Que bonita resposta! Você tem muita maturidade para a sua idade. Quantos anos você tem?

— Eu tenho 14 anos. Gosto muito de ler e de escrever. Mas aqui é bem complicado. Como eu lhe disse, o meu pai é ferreiro e a minha mãe, do lar. Não temos livros em casa e também não há livros disponíveis no bairro onde moro. Na minha escola, até chegam alguns livros de vez em quando, mas eles não saem da sala da diretora.

— Não consigo entender qual a lógica das diretoras de escola ao fazerem isso. São como monges avarentos da Idade Média. Impedem que o conhecimento circule. — comenta Urânia, com voz de indignação.

— Há uma biblioteca simples na cidade e é de lá que consigo tirar alguns livros para passar o tempo. Além disso, assisto a bons programas na televisão da casa da vizinha e escuto os programas de rádio. Essas são as formas que uso para me comunicar com o mundo externo a Teçá, que, como você já deve ter percebido, está longe, muito longe... — Mas, Urânia, conte-me: o que você faz da vida?

— Eu sou astrônoma.

— Astrônoma?

— Sim, astrônoma. Eu estudo os astros.

— Puxa... Mainha sempre me disse que quem estuda os astros são os astró-logos. Ela não sai de casa sem antes consultar qual é a cor do dia do signo dela no horóscopo. Qual é a diferença entre uma astrônoma e uma astróloga?

— As pessoas sempre me fazem essa pergunta, você não é a primeira... Sua mãe está certa. Astrônomos e astrólogos são amantes dos astros. Astrono-mia e Astrologia foram uma coisa só por muitos séculos. Somente com o desenvolvimento do conceito moderno de Ciência e do método científico no século XVII, a Astronomia passou a ser Ciência, e a Astrologia, supers-tição. Ou seja, a Astrologia não tem base científica alguma, conforme nossa definição atual de Ciência. E, nesse caso, Astrologia é uma pseudociência, uma crendice popular, uma superstição apenas. O conceito de Ciência é dinâmico no tempo e no espaço, na história.

— Método científico? O que é isso?

— O método científico é o conjunto de ideias que busca sistematizar o que se observa na Natureza. Por exemplo, você me disse que gostaria de enten-der o que faz um pião girar ou o que faz um beija-flor se sustentar no céu, parado, não foi? Quando você faz essas perguntas e tenta respondê-las de maneira racional, sem ser influenciada pela fé ou por achismos, é ao método científico que terá que recorrer. No caso do movimento de um beija-flor, por exemplo, só depois de compará-lo ao movimento de muitos outros pássaros é que os cientistas se deram conta de que um beija-flor não agita as asas para cima e para baixo como a maioria das aves faz, mas, sim, agita--as sempre para frente e para trás, na diagonal, o que favorece a criação de redemoinhos que permitem ao pássaro pairar no ar. Esses entendimentos só são possíveis por meio do método científico, que não é organizado, como uma receita de bolo a ser seguida. Muitas vezes, o método científico é, por si só, desorganizado. Perguntas são feitas e desfeitas a todo momento e, mais importante, não existe apenas "um método científico". Há várias maneiras de se pensar o "método científico".

— Que interessante, Urânia! Mainha nos diz que Deus criou tudo que existe e que Ele sabe tudo, pode tudo e vê tudo; que Ele é o único capaz de responder a todas as perguntas.

— Há diferentes maneiras, Antônia, de se fazer uma pergunta e respondê-la. Há várias formas de conhecimento: o popular, que é o do nosso dia a dia, corriqueiro, que dá explicações muitas vezes óbvias para muitas de nossas perguntas; o saber filosófico, conhecimento que busca dialogar com as ideias e questionar a nossa realidade; o saber religioso, que tenta responder às perguntas com base na fé, com verdades absolutas, que nunca poderão ser questionadas, ao que chamamos dogma. E, por último, o conhecimento científico, que, ao contrário da religião, não lida com verdades absolutas. Tudo, na Ciência, poderá, um dia, vir a não ser. E, para ser Ciência, toda e qualquer ideia ou resultado precisa ser reproduzido por diferentes pessoas. As Ciências Físicas, minha especialidade, usam muita Matemática e Computação, elas também são fortalecidas pela teoria, pela observação e/ou pela experimentação sistemática. Essa é a diferença básica entre Astronomia (Ciência) e Astrologia (pseudociência). Na Astrologia alguém pode ter a convicção e a certeza por *fé* apenas de que a taxa de nascimento dos bebês de Teçá, sua cidade, é influenciada pelas fases da Lua. Mas, na Astronomia, essa ideia não tem base científica e, portanto, não se verifica. As teorias são parte importante da metodologia científica e, após observações sistemáticas da realidade física, sabemos, por exemplo, que a Lua e os astros não influenciam o comportamento, nem o futuro das pessoas.

— Não? — pergunta Antônia, surpresa e, ao mesmo tempo, aliviada com a revelação.

— Não. Pense em irmãos gêmeos e univitelinos que nascem no mesmo dia e na mesma hora, com a mesma configuração astral no céu, mas que seguem caminhos diferentes na vida. Como poderia a Astrologia explicar isso? Mas, obviamente, as pessoas são livres para acreditar no que quiserem. Para muitas pessoas, a Terra sequer é esférica. Tem gente por aí que ainda acha que a Terra é plana, a despeito de todas as evidências teóricas e observacionais. Um completo absurdo!

— Puxa vida! Então, quer dizer que, como eu suspeitava, a passagem do cometa nada teve a ver com o raio que caiu na minha casa outro dia e que quase nos matou, a mim e à minha família?

— Não, não teve. A passagem de um cometa é um fenômeno que não tem nada a ver com a formação de relâmpagos ou com a queda de raios em certos lugares do planeta. Não há conexão alguma entre cometas, raios e relâmpagos. Mas sempre houve essa necessidade, ao longo da história da civilização, de ligar fenômenos repetitivos da Natureza com o desconhecido, com o divino. Esse é um caminho natural para se explicar o que não pode ser explicado racionalmente.

ANTÔNIA E A CAÇA AO TESOURO CÓSMICO

— Urânia, estou muito contente com esta conversa. Como você sabe tanta coisa! Quero ser assim, como você, quando eu crescer. Conte-me mais, por favor. Estou muito interessada nisso tudo.

Os olhos de Antônia brilhavam. Ela não podia acreditar que bem ali, à sua frente, estava alguém que finalmente podia responder a várias de suas inquietações. Antônia espia pelas gretas das estruturas de madeira e avista, de longe, seus irmãos e colegas se divertindo por entre as embarcações à beira do rio. Ela sabia que precisava se apressar, mas queria mesmo era continuar ali, parada como uma estátua de Rodin, a perguntar o máximo que pudesse àquela moça sábia, uma filósofa da Natureza que a vida se encarregou de fazer cruzar o seu caminho. Sentada em um pedaço de madeira, Antônia ouvia Urânia discorrer sobre o Sistema Solar e o Universo, como se esta cantasse uma de suas canções preferidas.

— Antônia, o Sistema Solar é o nosso endereço no Universo. É o nosso lugar na Via Láctea, a galáxia onde vivemos. Fora de escala, poderíamos pensar o Brasil como sendo a nossa Galáxia, a Via Láctea; o Sistema Solar seria Teçá, a sua cidade; a trajetória da Terra em torno do Sol poderia ser representada pelas imediações do seu bairro e a Terra seria a sua casa. E, no Sistema Solar, há planetas e outros corpos celestes girando em torno do Sol.

— Nossa, pensando bem, o Brasil é um país muito grande, né? Ele ocupa uma boa parte da América do Sul. Isso eu sei.

— Sim, é muito grande. Na América do Sul, só não fazemos fronteira com o Chile e o Equador.

— Que fascinante! Mas, Urânia, se eu nunca consegui entender, nas nossas brincadeiras de rua, como e por que um pião gira, como é que poderei entender a razão pela qual planetas giram em torno do Sol? Isso é muito complexo para mim. Tem certeza que não há ninguém segurando os planetas e o Sol no céu?

Antes de Urânia responder, Antônia olha assustada para longe em busca de seus irmãos e colegas e não os encontra. Agradece à Urânia com seu jeito simpático, mas diz que precisa se apressar, pois já não vê sua turma e teme em se perder ou que se demore muito para chegar em casa, para descontentamento dos pais, principalmente da impaciente Dona Maria.

— Não se preocupe, Antônia. Eu vou estar na cidade por alguns dias e será um prazer retomar essa conversa contigo. Mas antes quero te dar algo.

Urânia abre a mochila e entrega à Antônia uma pequena recordação.

— Nossa, um telescópio! Você vai me dar um telescópio?

— Sim, é para você. Um presente para você, Antônia, que se mostra tão apaixonada e interessada pelos mistérios do céu. É um Galileoscópio. Quero que você comece a observar o céu e a registrar o que vê. No nosso próximo encontro, poderemos conversar mais sobre ele e os fascínios do Universo.

— Eu já registro em meu diário muitas observações que faço a olho nu. Mas por que este instrumento se chama Galileoscópio? — indaga Antônia, para lhe fazer valer o apelido de curiosa.

— É uma homenagem ao cientista italiano Galileu Galilei, que revolucionou, há cerca de 400 anos, a nossa maneira de olhar para o céu. Galileu ajudou a colocar por terra ideias que dominavam o conhecimento humano por muitos séculos. Mas não criou o telescópio, ele apenas aprimorou um instrumento que podia ampliar em muitas vezes o que se via no céu. Foi com uma luneta parecida com essa que Galileu notou as crateras da Lua e também quatro dos muitos satélites que giram em torno do planeta Júpiter. Com o Galileoscópio, podemos ver planetas, satélites naturais e estrelas.

— Nossa! É sério que Galileu fez tudo isso há mais de 400 anos? Mas por que essas descobertas foram tão importantes?

— Sim, Antônia, não apenas Galileu. Copérnico, Kepler, Newton e tantas outras pessoas fizeram tudo isso e muito mais. Ao se dar conta de que a Lua tinha crateras, Galileu colocou por terra a ideia de que o céu, por este pertencer ao "plano divino" segundo os pensamentos da Igreja, que dominavam a humanidade até aquela época, era o lugar natural das esferas perfeitas. Desta forma, era impossível existir um corpo "imperfeito", ou seja, a Lua cheia de crateras não poderia estar num lugar onde somente corpos "perfeitos" existiam. Além disso, naquela época, há mais de 400 anos, muita gente achava, sob influência da Igreja, que a Terra era o centro do Universo. A Terra, Antônia, nesse caso, pode também representar a humanidade. Então, o "homem", ou seja, a humanidade — ainda que a mulher tivesse direitos ultra limitados naquela época — era o centro de tudo.

— Puxa. Galileu realmente revolucionou! Que ousado!

— A Terra era, até então, o centro do Universo conhecido. E, para a Igreja, isso era quase um dogma, uma verdade absoluta, incontestável. Quando Galileu encontra quatro satélites girando em torno de outro corpo, Júpiter, que não a Terra, ele põe mais uma dessas ideias da Igreja por "água abaixo": a Terra e, consequentemente, a espécie humana não eram o centro do Universo, concluiu Galileu. Mas essa conclusão não foi da noite para o dia. Ela faz parte do conjunto de transformações sociais, históricas, científicas e culturais que ocorreram antes, com Copérnico e outros, e de tudo o que representou a chamada Revolução Copernicana. A Ciência é uma construção humana, histórica e social, limitada no tempo e no espaço.

— Pobre Galileu! Meus pais sempre dizem para mim e os meus irmãos que é muito difícil pensar diferente da maioria e nadar contra a maré. — replicou Antônia.

— Sim, seus pais estão certos. Galileu foi perseguido pela Igreja e condenado a passar o resto dos seus dias preso em sua própria casa. Diferentes culturas têm diferentes interpretações do mundo ou de como ele e o Universo passaram a existir. E Galileu foi corajoso ao questionar pensamentos sólidos, de muitos anos, sobre a arquitetura do Universo conhecido até aquele momento. Ele pagou um preço alto por ter as ideias que tinha. Mas a história o absolveu. Ele tinha razão. Infelizmente, na História da Ciência, outros cientistas, homens e mulheres, que ousaram discordar do pensamento hegemônico, dominante, foram também mortos.

— Mas, Urânia, o que faço com esse instrumento? Como posso revolucionar como Galileu? — pergunta Antônia olhando para o Galileoscópio, aos risos.

— Tudo o que você tem a fazer é apontá-lo para o céu e tentar ver o máximo possível de corpos astronômicos. Que tal começar pela Lua? Aponte para a Lua, observe suas formas, suas crateras e anote tudo o que você puder. — explicou Urânia, que continuou: — Quando poderíamos nos encontrar novamente? Gostaria de saber como foi a sua experiência.

— Eu moro na Rua do Arame, Bairro de Baixo, e estudo na escola que fica no mesmo bairro. Estudo pela manhã. Poderíamos nos encontrar lá. A cidade é pequena. Estou certa de que você vai conseguir me encontrar. Que tal daqui a uma semana? Quero muito contar a novidade aos meus irmãos e pais.

— Combinado. Vou, então, procurá-la em sua escola em uma semana.

— Muito obrigada pela conversa, Urânia. Vou tentar usar o Galileoscópio nesta semana e anotar tudo o que puder.

— Até breve, Antônia.

— Até breve, Urânia.

Alguns minutos depois, ao encontrar o grupo, Antônia escuta do irmão:

— Antônia, onde você achou isso? Mainha vai ficar muito chateada com a gente. Como vamos dizer para ela o que aconteceu e por que demoramos tanto para chegar em casa? E o que é isso em sua mão?! Uma luneta? Onde você a encontrou? Mainha vai achar que pegamos de alguém. — perguntou Carlos, temendo a reação da mãe.

— Urânia que me deu.

— Urânia? Quem é Urânia? Você está delirando? Eu não vi ninguém aqui. Volte e devolva essa luneta agora mesmo.

— Você não entendeu. A luneta é minha e eu não tenho nada a devolver. Vamos embora agora! — responde Antônia, visivelmente chateada e muito segura de si.

Ao chegar em casa, Antônia explica aos pais o acontecido. Sem entender o que houve, Dona Maria e Seu Tiago apenas enfatizam:

— Antônia, se você estiver mentindo, vai ficar de castigo em casa sem poder sair por um mês. Você sabe que não pode mentir, nem para os seus pais, nem para ninguém.

— Não se preocupem, mainha e painho, eu não estou mentindo. A luneta é minha e foi presente da Urânia. Ela é astrônoma, é do Rio de Janeiro e está na cidade de visita.

— Tudo bem. Você pode ficar com o instrumento, mas vamos ter que conversar com essa Urânia no seu próximo encontro, certo, Dona Antônia? — determina, curiosa, Dona Maria, que olha para a luneta com ares de desconfiança e pouca intimidade.

Capítulo V

NOITE DE PIJAMAS

São oito da manhã quando Antônia chega à escola. Na mochila, ela traz, além do material escolar, a luneta que ganhou de presente. Entre os gritos, assobios e barulho dos estudantes amontoados em frente à escola, ressoa, em sinal de que todos os estudantes devem fazer fila no pátio principal antes de seguirem às suas salas, uma ensurdecedora e prolongada campainha que mais parece uma ambulância correndo às pressas ao hospital mais próximo. Enfileirados e ao comando da diretora, os estudantes cantam o Hino Nacional Brasileiro, rezam o Pai-Nosso em voz alta e, depois, são liberados para seguir, em silêncio, às suas salas, onde cada um tem, à sua espera, uma mesa e cadeira marcadas. Ninguém pode correr para assegurar um lugar. Colocar os pés na carteira da frente é terminantemente proibido. Antônia, inquisidora como sempre, reclamava desses ritos matutinos, chatos, segundo ela, autoritários demais. Ao entrar na sala, Antônia tira da mochila o material escolar e a luneta, que passa a ser sensação entre os colegas.

— Antônia, o que é isso? Poderemos ver extraterrestres com esse instrumento? — pergunta, ironicamente, um dos seus colegas de turma, referindo-se à luneta.

— Não, não poderemos ver extraterrestres, ainda que eu tenha certeza de que não estamos sozinhos neste imenso Universo... Mas já conversei com Dona Anita, a nossa professora de Ciências, e vamos observar a Lua amanhã, durante a Noite de Pijamas na escola.

— Puxa vida! A Lua? Nós vamos conseguir ver a Lua? A sua superfície e as suas crateras? Dizem que é na Lua que São Jorge e o seu dragão moram. Será que vamos conseguir observá-los também?

— Não, não! Não vamos ver nem São Jorge, nem dragão algum. Como você pode acreditar nisso? Vamos, com certeza, ver as crateras da Lua e somente isso. Nada de São Jorge ou extraterrestres, minha gente... Estou realmente ansiosa para mostrar a vocês, com o auxílio da professora, alguns detalhes da Lua.

— Antônia, durante a reverência à Bandeira Nacional nesta manhã, você percebeu a quantidade de estrelas na nossa bandeira? Conheço muitas, mas a nossa é a mais bonita do mundo. Sei o nome de todos os países. Este é o meu *hobby* favorito: memorizar o máximo de bandeiras de estados do Brasil e, também, de outros países. Percebo que a distribuição de estrelas em nossa bandeira é bem diferente da distribuição na dos outros. Há países com uma, duas ou muitas estrelas, mas nenhuma bandeira tem tantas como a nossa. Você sabe por quê?

— Sim, Paulo, a nossa bandeira é muito bonita. A esfera azul representa, na verdade, a esfera celeste, na qual as estrelas são projetadas imaginariamente no céu, inclinada sob o mesmo valor latitudinal da cidade do Rio de Janeiro, ou seja, representa o céu visto por um suposto observador que estivesse na cidade do Rio de Janeiro, na manhã do dia 15 de novembro de 1889. Um céu diurno. Nove constelações — Cruzeiro do Sul, Hidra Fêmea, Virgem, Cão Menor, Escorpião, Cão Maior, Carina, Oitante e Triângulo Austral — das 88 constelações oficiais da União Astronômica Internacional estão presentes na Bandeira Nacional e cada estrela representa um estado do Brasil, além do Distrito Federal. Mas presta bem atenção, amigo: as estrelas de uma constelação não estão ligadas fisicamente; elas estão agrupadas aparentemente.

— Nossa! E o que aconteceu mesmo no dia 15 de novembro de 1889? E o que você quer dizer com "as estrelas de uma constelação não estão ligadas fisicamente"?

— Você já esqueceu? Todos os anos, nesse dia, temos que desenhar, nas aulas de Educação Artística, Marechal Deodoro da Fonseca em cima de um cavalo — diz Antônia, com pouco entusiasmo e aos risos dos demais frente à aula pouco criativa que tinham — porque o Brasil deixou de ser uma Monarquia para se transformar numa República. É a data da Proclamação da República do Brasil. Então, por isso, algumas constelações da manhã daquele dia histórico estão representadas em nossa bandeira. Uma constelação é como se fosse um loteamento do céu. Em toda a esfera celeste, são 88 loteamentos oficiais na nossa cultura ocidental como definida pela União Astronômica Internacional, que poderiam ser pensados como a colcha de retalhos que mainha coloca no banco da varanda lá de casa. Uma constelação não é simplesmente o agrupamento de estrelas que a gente vê no céu; as estrelas de uma constelação não estão a mesma distância de nós. O que vemos no céu é apenas o efeito de projeção das estrelas e de outros corpos na esfera celeste. As estrelas estão afastadas umas das outras e em diferentes profundidades, mas, por conta da distância entre elas e nós, parecem estar juntinhas quando projetadas na esfera celeste. Diferentes culturas viram, ao longo do tempo, diferentes figuras no céu relacionadas às suas próprias experiências culturais. Eu, particularmente, gosto muito da Constelação do Escorpião. Acho-a muito bonita e sempre a vejo no céu noturno do Inverno.

— Demais, Antônia! Fico impressionado contigo. — exclama o colega entusiasmado com a explicação de Antônia.

— Que nada, menino! Tudo isso está no material suplementar que a professora de Ciências nos passou outro dia. Você precisa ler mais. Eu leio bastante sobre constelações, mas tenho inúmeras perguntas não respondidas. Muitas fazem barulho aqui dentro. — diz ela, humildemente, apontando para a própria cabeça.

No dia seguinte, por volta das 18 horas, há uma correria incomum dos estudantes rumo ao pátio da escola. A Noite de Pijamas, sempre muito esperada, acontece uma vez por semestre. Trata-se de uma atividade científico-cultural, extraclasse, reunindo estudantes do matutino, vespertino e noturno. Naquela noite, a atividade principal seria a observação do céu, a olho nu e também por meio da luneta de Antônia. Os estudantes estavam contentes com a possibilidade de observar o céu noturno e só falavam disso no horário do recreio. Antônia foi a primeira a chegar com a luneta. A professora de Ciências, Dona Anita, havia preparado uma lista de perguntas referentes a aspectos observacionais e curiosidades sobre a Lua, os quais ela gostaria de discutir com os seus alunos.

— Antônia, olha lá, é a Lua. Ela está no céu. Você consegue ver cores mais claras e mais escuras na superfície lunar?

— Sim, perfeitamente. Mas vamos apontar a luneta. Quero que você veja as crateras.

— Olha lá… Tantos detalhes que se pode ver… Nunca pensei que veria a Lua tão de perto. Puxa vida, eu sempre sonhei em viajar à Lua. Será que um dia pisaremos ela?

— O quê? Pisar a Lua? Você esqueceu que homens e mulheres já viajaram à Lua, menina? Eu acredito que no futuro poderemos viajar por vários planetas do Sistema Solar. Isso, sim, será uma grande aventura. — responde Antônia em tom professoral.

— Grande aventura? Não para mim. Eu prefiro andar pela Terra. Pedalar a minha bicicleta. Viajar de carro. Prefiro ir à praia com meus pais a viajar pelo Sistema Solar. Imagina? Voar bem alto... na escuridão do espaço. Eu tenho medo. Não me aventuraria. Mas veja, a Lua está se movendo no céu. Ela não estava ali quando começamos a noite de observação? — sugere a garota, apontando para uma região do céu.

— Como será que a Lua se formou, Antônia? Poderíamos um dia viver na Lua? E essas crateras todas, o que isso significa? Como elas surgiram? E a Lua do dia? A Lua também pode ser vista durante o dia, né? Eu já vi! — exclama, curiosa.

Dona Anita, que observa atentamente a discussão entre os estudantes, interrompe:

— Crianças, a Lua move-se no céu, como todos os outros corpos celestes, do lado leste para o lado oeste do lugar de observação! Só que, a cada dia, a Lua surge atrasada por cerca de 50 minutos. Isso acontece devido ao tempo que a Lua leva para girar em torno dela mesma e em torno da Terra. Como resultado desse movimento, teremos, sim, Lua durante o dia.

— O quê? A Lua gira em torno dela mesma e também da Terra? Eu nunca imaginei isso. — responde, espantada, uma das estudantes.

— Sim, minha flor. — responde a professora. À medida que a Lua orbita em torno da Terra, e esta em torno do Sol, completando seu ciclo de fases (intervalo de tempo decorrido entre duas Luas Novas consecutivas) em aproximadamente 29 dias e meio (período sinódico), ela também mantém a mesma face voltada para a Terra. Isso indica que o período de translação ou revolução da Lua é igual ao período de rotação em torno de seu próprio eixo. A Lua leva 27 dias, aproximadamente, para dar uma volta completa em torno da Terra (período sideral). Esse movimento, ao longo do tempo, foi sincronizado, pessoal, de forma que a Lua mostre sempre a mesma face para nós. Não podemos ver, da Terra, a outra face da Lua, que estará sempre inacessível desse lado de cá.

— Nossa, professora, que interessante! A Lua tem uma face que a gente nunca vê? Quer dizer que, assim como a gente, a Lua também tem seus segredos? É isso?

— Sim, querida, a Lua tem seus segredos... — responde a professora, rindo.

— Antônia, rápido, ajude-me aqui. Perdi a Lua. — diz outra estudante.

— E as fases, professora? Como explicar as fases? — pergunta outra estudante, com ansiedade.

— Bom, já entenderam que a Lua se movimenta em torno dela mesma e da Terra, não é mesmo? As fases da Lua são consequência da nossa posição na Terra relativamente à posição que vemos a Lua sendo iluminada pelo Sol. A Lua, como a Terra, é um corpo iluminado. Ou seja, ela não gera sua própria luz, energia. A Lua gira em torno de si e da Terra, que, por sua vez, gira em torno de si e do Sol. Então, temos três corpos em consideração numa *dança* cósmica: o Sol, a Terra e a Lua. Aliado a isso, não se esqueçam, a Lua vai sempre mostrar a mesma face para nós. Portanto, as fases da Lua correspondem a porção dessa face iluminada pelo Sol que nós conseguimos enxergar da Terra e dependem, assim, da posição relativa Sol-Terra-Lua.

E segue completando a professora:

— Por exemplo, veremos a Lua Nova sempre que tivermos a configuração de alinhamento Sol-Lua-Terra. Para um observador na Terra, a face visível da Lua não receberá luz do Sol diretamente e, nessa posição, a Lua será Nova. Nessa configuração, somente a face não vista da Terra receberá luz direta do Sol. Com o passar dos dias, quando a Lua se localiza a 90º a leste do Sol, veremos, da Terra, a sua fase Crescente. As pessoas no Hemisfério Sul verão a Lua formar uma figura que lembra a letra "C" do nosso alfabeto; C de Crescente, para vocês não esquecerem mais... Já alguém no Hemisfério Norte verá a fase Crescente como a letra "D". Inverte-se essa lógica na fase Minguante para os dois hemisférios. Quando Sol-Terra-Lua estiverem alinhados, ou seja, quando a Lua estiver 180º em relação ao Sol, veremos a Lua Cheia, já que, na posição Sol-Terra-Lua, a face visível da Lua, como vista da Terra, estará completamente iluminada para um observador na Terra. Passados alguns dias, quando a Lua se localiza a 90º a oeste do Sol, veremos, da Terra, a fase Minguante, que, dias depois, será Nova outra vez, completando o ciclo de 29 dias e meio, que, aproximadamente, correspondem ao nosso mês na Terra.

— Nossa, então quer dizer que tudo é efeito da posição relativa? Todas essas fases da Lua que a gente vê da Terra são só por conta do movimento da Lua em torno da Terra? E, no Hemisfério Norte, a Lua Crescente é vista como um "D" e a Minguante, como um "C"?

— Exatamente, garoto! Dependendo da localização de quem a observa na superfície da Terra, a Lua pode mudar de aspecto. E, se pudéssemos ver a Terra estando na Lua, seria a Terra que apresentaria fases para um "lunático"...

— nesse momento, todos riem do termo lunático, e a professora explica-se:

— Bom, já que quem mora na Terra é um terráqueo, um suposto morador da Lua seria um "lunático"... — mais risos ecoam no pátio.

— Então, professora, quer dizer que poderiam existir infinitas fases da Lua, em uma lunação?

— Sim, isso mesmo. Desde a Lua Nova até a Lua Cheia, observamos o "ciclo crescente", enquanto da Lua Cheia até a Lua Nova, o "ciclo minguante". O que nós chamamos "Quarto Crescente" e "Quarto Minguante" correspondem, respectivamente, a um quarto da fração total do círculo da órbita da Lua em seu "ciclo crescente" e a um quarto da fração total do círculo da órbita da Lua em seu "ciclo decrescente" ou "minguante". A Lua não tem quatro fases apenas e não permanece sete dias em cada uma delas, como muitos pensam, crianças! A Lua vai mudando seu aspecto, sua aparência, instantaneamente, apresentando infinitas fases, tantas quanto se queira. Por razões didáticas, falamos de quatro fases apenas para quatro momentos do ciclo completo.

— Nossa Senhora! E os eclipses, professora? Mainha me disse que houve um grande eclipse do Sol quando ela era jovem e que todos correram para as suas casas, com medo. Achavam que o mundo ia se acabar — pergunta Antônia.

— Eclipsar quer dizer, de certa maneira, esconder-se. Sempre que a Lua "esconder" o Sol de um observador na Terra, teremos um eclipse solar. Sempre que a Lua "esconder-se" no cone de sombra da Terra, que é causado por uma obstrução desta ao receber a luz do Sol, teremos um eclipse lunar. Os eclipses lunares serão vistos na Terra pelas pessoas que tiverem a Lua acima do horizonte. Já os eclipses solares, por conta do pequeno cone de sombra da Lua projetado sobre a superfície do globo terrestre, só serão vistos por pessoas localizadas em certas regiões da Terra.

— Bom, então, com base no que a senhora me disse sobre a posição relativa do Sol-Terra-Lua, concluo que só haverá eclipse do Sol na fase Nova e da Lua na fase Cheia?

— Você é muito observadora. É isso mesmo, Antônia! Você está certíssima!

— Mas há algo que ainda não faz sentido para mim! — exclama Antônia — Todos os meses temos Lua Nova e Cheia, certo? Então, por que não temos pelo menos um eclipse do Sol e outro da Lua todo mês?

— A resposta é simples, querida. A Lua não se move em torno da Terra no mesmo plano em que esta se move em torno do Sol. O plano da órbita da Lua está inclinado a cinco graus, aproximadamente, do plano da órbita da Terra. Sendo assim, nem sempre temos as posições ideais ou configurações geométricas para que o Sol ou a Lua "esconda-se", porque, nesse movimento cósmico, a Lua vai *dançar* cerca de cinco graus para cima e para baixo do plano pelo qual a Terra *dança*. Nesse caso, nem sempre a Lua vai "eclipsar" ou ser "eclipsada".

— Perfeito. Agora faz sentido.— responde Antônia, satisfeita.

Antônia, calada por alguns minutos e tentando concentrar-se no apontamento da luneta e na organização da imensa fila que se forma para ver as crateras lunares, pergunta:

— Professora, já sabemos que a Lua gira em torno dela mesma e da Terra, que tem fases, eclipsa, é eclipsada, mas como se formou? Poderíamos um dia viver lá?

— Há várias ideias, Antônia, para explicar a formação da Lua. A mais aceita é que ela se formou, provavelmente, como resultado de uma colisão de outro corpo celeste com a Terra, quando todos estavam em formação há 4,5 bilhões de anos. Certamente, parte do material que foi lançado da Terra ficou preso gravitacionalmente a ela. Esse pedaço viria, ao longo do tempo, a formar a Lua. A gravidade é fundamental para que a Terra e a Lua possam *dançar* uma em torno da outra.

— Bom, já entendi que tal qual o meu pião, a Lua e a Terra também giram. É a gravidade que sustenta os corpos girando um em torno do outro? O que seria a gravidade, então?

— Sim, Antônia, exatamente isso. É a gravidade que mantém os corpos celestes girando um em torno do outro, numa linda *dança* cósmica. Vários cientistas estudaram esses movimentos. Um em particular, o inglês Isaac Newton, conseguiu descrever matematicamente como é que a gravidade atua na interação entre dois corpos como o Sol e a Terra ou a Terra e a Lua. Segundo Newton, a força de interação gravitacional é regida por duas grandezas físicas: a massa dos corpos envolvidos e a distância que os separam. Em outras palavras, após muitos pensamentos, criatividade, observações e experimentos, Newton concluiu que a força gravitacional para o Sistema Sol-Terra é proporcional ao produto das massas desses dois corpos e inversamente proporcional ao quadrado da distância que os separa. Essa é, na verdade, uma lei universal, válida em qualquer lugar do Universo, conhecida como Lei da Gravitação Universal.

— E como seria a gravidade na Lua? A gente vê nos filmes que as pessoas andam devagar lá.

— A massa, Antônia, é a mesma em qualquer lugar do Universo. A sua massa aqui na Terra ou na Lua será sempre a mesma. Mas, devido à aceleração da gravidade variar de um lugar para outro, o seu peso, que é o produto da massa pela aceleração da gravidade, será diferente na Lua. O que você mede ao subir na balança da farmácia do teu bairro não é a sua massa e, sim, o seu peso, expresso erroneamente na balança em unidade de massa (kg) e não de peso (kgf) como deveria ser. A Lei da Gravitação de Newton, como eu disse, é universal, de forma que vale em todos os lugares do Universo.

— Professora, estou tonta com tanto conhecimento. Mal posso esperar para encontrar Urânia e contar a ela tudo o que discutimos hoje.

— Urânia? Quem é Urânia, Antônia?

— Uma nova amiga. A senhora vai gostar de conhecê-la...

Interrompendo a professora, Antônia segue em seus questionamentos:

— Mas, professora, diga-me claramente: vamos um dia poder viver na Lua?

— Antônia, a Lua não tem atmosfera ou esta é tão tênue que, em primeira aproximação, a desprezamos. É na atmosfera da Terra que encontramos os elementos químicos vitais que nos permitem respirar. Além disso, é a atmosfera da Terra que nos protege da radiação altamente energética que chega do Sol. Seria complicado respirar na Lua, sem atmosfera. Sem contar que lá não tem água no estado líquido, pelo menos não há evidência direta ainda. Teríamos que desenvolver uma tecnologia especial para vivermos na Lua, por exemplo, obter oxigênio a partir de algum tipo de rocha.

— E por que a Lua é tão importante para nós, professora? Só pelas marés? A gente vê, da ponte no centro de Teçá, a maré subindo e baixando todos os dias.

— Antônia, sem a Lua, as marés não iriam regular os sais dos oceanos que são indispensáveis à vida. Além disso, sem ela, os fenômenos naturais como ondas gigantes, terremotos e vulcões atingiriam a Terra em uma escala de magnitude muito maior. A vida na Terra seria realmente impensável nessas condições.

— Professora, estou ainda mais encantada com a Lua. Que bom vê-la por esse prisma. Tenho agora outra ideia dela.

Na volta para casa, Antônia repassa, sozinha, tudo o que foi discutido durante a Noite de Pijamas. Pensa no movimento da Lua e finalmente entende o porquê de algumas pessoas usarem a expressão "calendário lunar" para medir o tempo e as suas atividades. Se a Lua leva cerca de 29 dias e meio para completar a lunação, e o mês do calendário tem de 29 a 30 dias, em média, então, era isso que definia o mês. — conclui ela, que seguiu se perguntando:

— Será, então, que a ideia de semana tem algo a ver com o fato de termos quatro fases bem definidas da Lua? Não, não deve ser, afinal, eu poderia ver quantas fases quisesse se pudesse acompanhar a Lua diariamente. A semana não deve estar relacionada às quatro fases principais da Lua. — concluiu corretamente Antônia em pensamentos.

Ao chegar em casa, ela abre sua cômoda de roupas e tira, da última gaveta, o pião guardado entre outros brinquedos. Em silêncio, enquanto todos na casa dormem, observa-o atentamente, pensando nas palavras da professora sobre a Lua e sobre como os corpos interagem gravitacionalmente no Universo. Sobre como a gravidade estabelece e dá ritmo à *dança* cósmica.

Capítulo VI

AS QUATRO ESTAÇÕES

Teçá é daqueles lugares da Terra em que praticamente todo mundo se conhece, embora quase sempre a convivência entre os moradores seja como a de cão e gato ou a de gato e rato: nada amistosa. A rua, por assim dizer, é uma extensão da minha casa. É na rua onde eu dou asas à imaginação. Talvez seja isso que mais me fascina neste lugar e me faça sentir algo desconfortável todas as vezes nas quais penso que quiçá um dia eu tenha que deixar esta cidade onde nasci e vivo a minha adolescência.

Costumamos dizer que em Teçá há quatro estações bem definidas: quente, muito quente, mormaço e abafado. Brincadeiras à parte, embora não tenhamos as estações bem estabelecidas como nos lugares da Europa que vejo na televisão e nas revistas, assim como nos países "lá de cima", do Hemisfério Norte, e "lá de baixo", do Hemisfério Sul, sei exatamente, olhando à minha volta, quando é março, junho, setembro e dezembro em Teçá. Gosto particularmente do Inverno, por conta da Festa de São João. Mas gosto também de setembro porque, embora quente, apresenta dias com diferentes intensidades de luz e é nele que mais se escuta o canto alegre dos passarinhos nas primeiras horas da manhã. As plantas também respondem de forma particular nesse mês do ano, têm algo único que não sei bem explicar... Em setembro, eu sinto os dias mais felizes.

Ao terminar de escrever em seu diário, Antônia espreguiça-se em sinal de que mais um longo dia a espera. A luz do Sol entra pela fresta da porta da cozinha, onde está Dona Maria a cuidar do café da manhã. A banana da terra cozida e o cuscuz quente de tapioca levemente incrementado com manteiga caseira de garrafa exalam um perfume inconfundível. Seu Tiago, na correria para mais um dia de labuta na oficina, apenas toma rapidamente uma xícara de café sem açúcar e sai. Dona Maria, com os pensamentos longe, assobia e canta bem baixinho uma de suas cantigas de roda favoritas:

— *Meu coração, n*ão sei por que / Bate feliz quando te vê / E os meus olhos ficam sorrindo / E pelas ruas vão te seguindo / Mas mesmo assim / Foges de mim [...].

O cheiro de café fresco faz Antônia finalmente se levantar. Ela dá bom-dia e abraça Dona Maria, que termina de coar o café no coador de pano feito na velha máquina de costura da casa.

— Bom dia, filha. Como foi a noite de observação ontem?

— Muito legal, mainha. Conseguimos observar a Lua e ver estrelas, planetas... Estou ansiosa para chegar à escola hoje. É impressionante ver, com a luneta que Urânia me deu, tudo isso assim tão perto de nós. A professora me disse que foi a melhor Noite de Pijamas que a escola já teve em muitos anos.

— Que bom, filha! Que bom ouvir isso! É muito importante estudar. Eu não tive estudo e alegro-me em ver que você e seus irmãos estão podendo estudar e aprender coisas que eu não tive a chance. Quis muito estudar, porém não tive a oportunidade. Mas conte-me mais sobre a sua experiência na escola ontem...

— Mainha, a Lua é muito interessante. E não há São Jorge, nem dragão algum vivendo por lá, não, viu? Ninguém vive na Lua, mas algumas pessoas já estiveram lá.

— Você realmente acha que alguém pisou a Lua, minha filha? Sei não... Tenho minhas dúvidas.

— Pisou, mainha. A professora disse que não foi invenção da TV, como muita gente acha. Podemos viver com esta certeza: a humanidade já esteve na Lua. E como disse o astronauta no dia histórico: "este é um pequeno passo para o homem, mas um salto gigantesco para a humanidade". Eu estou certa disso.

— Se você está dizendo, eu acredito em você, minha filha.

— Mulheres não foram à Lua ainda, mas, por trás das missões espaciais, há a participação efetiva de muitas mulheres. — comenta, orgulhosa, Antônia, que prossegue dizendo:

— Bom, mainha, tenho que correr. Está chegando a hora de ir para a escola e ainda tenho que tomar banho.

— Até mais tarde, minha filha. Corra para o banheiro, antes que os seus irmãos se levantem também. Ao chegar à escola, faça os deveres direitinho e comporte-se bem na aula. Eu irei ao mercado comprar peixe fresco. Hoje quero fazer a minha moqueca favorita.

Banhando-se de cuia e pensando nas conversas com Urânia e no sucesso da Noite de Pijamas, Antônia, pela primeira vez, questiona-se sobre o seu futuro na cidade. Pensamento que queria espantar para longe de si. Naquele momento sentiu um enorme vazio. Medo de pensar no assunto. Uma coisa era o que a cabeça lhe queria apontar, outra coisa era o que o coração lhe dizia. Sentia-se culpada por cogitar a possibilidade de um dia deixar os seus pais e a sua família em Teçá rumo às respostas que tanto faziam ruído em sua cabeça. Era uma guerra interna, em silêncio, já que não podia compartilhar esses sentimentos com quase ninguém, talvez apenas com Urânia, ponderou. "Por que tantas perguntas e tantas inquietudes, Antônia? O que você quer realmente da vida?", martirizava-se. Querendo fugir dos questionamentos, Antônia sai correndo do banho, enxuga-se rapidamente, arruma-se, pega o material da escola no canto do quarto e segue com pressa para a aula.

— Bom dia, cambada! Vamos começar a aula de hoje. Mas, antes, gostaria de saber se vocês gostaram da Noite de Pijamas. — propõe Dona Anita, a professora de Ciências.

Em uníssono coro, os estudantes respondem:

— Sim, professora!

— Crianças, estive pensando sobre o sucesso de nossas observações do céu de ontem à noite e quero lhes propor uma brincadeira.

— Brincadeira, professora? Oba, adoramos brincadeiras! — responde Antônia, já ansiosa.

— Sim, Antônia, uma brincadeira, na verdade, uma aventura. Uma gincana pelas ruas de Teçá, começando na próxima semana. Propus hoje cedo à direção da escola que fizéssemos uma gincana sobre o Sistema Solar. Vamos espalhar pela cidade uma série de pistas misteriosas em direção a um tesouro. Em cada pista, haverá uma pergunta seguida de um enigma que levarão até a próxima pergunta-enigma. Essa gincana não tem ganhadores nem perdedores. Vocês deverão trabalhar juntos, em equipe, e terão que desvendar os enigmas até poderem, finalmente, chegar ao esperado tesouro. Motivada pelo deslumbramento de vocês com o Galileoscópio de Antônia e, principalmente, pelo sucesso da nossa primeira Noite de Pijamas tendo a Astronomia como temática, propus à direção da escola que celebrássemos este ano o Equinócio da Primavera com essa gincana científica. A direção achou ótima a ideia.

— Equinócio da Primavera? — pergunta Pedro.

— Sim, Pedro. Equinócio quer dizer "noites iguais" e corresponde ao momento em que os dias e as noites em certo lugar da Terra terão aproximadamente o mesmo número de horas. Para o nosso Hemisfério Sul, temos o Equinócio de Outono em março e o Equinócio da Primavera em setembro. Por falar nisso, vocês ainda lembram quais são as quatro estações do ano, pessoal? — pergunta a professora.

— Primavera, Verão, Outono e Inverno. — responde Antônia.

— Isso, Antônia. Como nos localizamos no Hemisfério Sul da Terra, estamos agora no finalzinho do Inverno. Mas, para uma moradora do outro hemisfério, é finalzinho do Verão.

Pedro, rapidamente, pergunta:

— Professora, mas como explicar as estações do ano? O que as causa?

— Pedro, é por conta da distância Terra-Sol. — responde, convicto, um dos estudantes da turma. Quanto mais longe do Sol, mais fria será a Terra e, portanto, teremos variações nas estações por conta da distância.

— Ué, espere um pouco! — interrompe, rapidamente, Antônia. Nessa sua proposta, então, como explicar que quando é Verão num hemisfério é Inverno no outro? Se fosse a distância a causa, então, deveria ser Verão ou Inverno em ambos os hemisférios ao mesmo tempo, não? Já que a distância Terra-Sol é praticamente a mesma.

— Correto, Antônia! — responde, orgulhosa, a professora. As estações do ano ocorrem, crianças, devido à inclinação aparentemente fixa, ao longo de um ano, do eixo de rotação da Terra em relação a perpendicular ao plano da órbita dela em torno do Sol. Por conta dessa inclinação, de cerca de 23,5º, diferentes regiões da Terra recebem diferentes intensidades de luz vinda do Sol ao longo de um ano. Não tem nada a ver com a Terra estar mais próxima ou mais distante do Sol. De fato, a distância da Terra ao Sol varia, mas essa alteração é muito pequena, da ordem de 3%. Não daria para explicar, sozinha, as estações do ano. As estações são, portanto, diferentes em cada hemisfério da Terra, porque cada um recebe diferentes intensidades de luz.

— Mas, professora, — insiste Pedro — como pode a Terra girar em torno do Sol se o que vejo todos os dias é o Sol se movendo no céu? Eu não consigo entender isso. Para mim é o Sol que está *andando*. Eu vejo o Sol nascer bem cedo defronte à minha casa. Quando fico em casa, observo que ele se *movimenta* ao longo do dia mais ou menos por cima da minha casa. Lá pelo meio-dia, o Sol atinge uma altura máxima no céu e vai baixando, lentamente, até cerca das 17 h 30, a hora em que meu pai chega em casa do trabalho, e desaparece completamente do outro lado da minha casa. Antes de o Sol desaparecer totalmente, fica aquela sensação estranha de que não é dia, nem noite, o que meu pai disse ser o crepúsculo. Mas, para ser sincero, gosto muito quando o Sol se esconde ao final do dia. Além de o pôr do Sol ser muito bonito, aqui em Teçá faz um *calor danado*. Eu me sinto aliviado sempre que a noite vem. Mas, realmente, é o Sol que vejo *caminhando* todos os dias e não a Terra. Então, não entendo o que a senhora quer dizer com isso de a Terra girar em torno do Sol.

— Pedro, você está certo, parcialmente. A gente, de fato, vê o Sol se movendo todos os dias. Essa é a chamada visão Aristotélica do movimento do Sol, em referência ao pensamento do filósofo grego Aristóteles, cujas ideias foram apropriadas pela Igreja Católica a partir de outro estudioso chamado São Tomás de Aquino. Muitos povos antigos achavam isso e até mesmo os gregos antigos tinham essa mesma impressão que você em relação à Terra ser o centro do Universo. As ideias de Aristóteles estão ainda presentes. O Sol nasce no lado leste e se põe no lado oeste de quem o observa. É isso que vemos. Alguns sistemas astronômicos são geocêntricos, e não há nada de errado nisso, porque, em várias situações práticas, os modelos geocêntricos são úteis. Não podemos nos esquecer de que a Ciência trabalha com modelos que são formas de representar a realidade. Como tentei explicar ontem, o Sol e as outras estrelas que a gente enxerga no céu nascem sempre do lado leste e se põem do lado oeste por conta do movimento de rotação da Terra, que acontece ao contrário, de oeste para leste. Mas observem que eu disse "nascem" e "põem-se" *do mesmo lado*! Não disse que é *"sempre no mesmo lugar"*. Só vão nascer no mesmo lugar duas vezes ao ano. Nesse caso, dizemos que o movimento do Sol é apenas aparente, Pedro. Como nós estamos na Terra e, portanto, parados em relação a ela, vemos o Sol se mover em volta de nós. Já, no Modelo Heliocêntrico, é a Terra que está girando em torno do Sol. A grosso modo, o movimento da Terra é como o movimento do pião que vejo vocês jogarem no pátio da escola nos intervalos de aula.

Antônia, rapidamente, levanta a mão.

— Pode falar, Antônia. — responde a professora.

— A senhora disse que a Terra gira como um pião? Eu sempre quis saber como é que o pião consegue girar. Como é que a Terra pode girar como um pião, professora?

— A Terra, pessoal, tem um movimento único. Esse movimento, para fins didáticos, pode ser dividido em quatro componentes principais: a primeira componente é a rotação, que é o movimento da Terra em torno do seu próprio eixo e leva 24 horas para completar um ciclo, um período; é ela que explica o dia e a noite. Como disse para vocês, é a rotação da Terra, de oeste para leste, no sentido contrário ao dos ponteiros de um relógio quando visto do Hemisfério Norte, que explica por que o Sol e as outras estrelas são vistos na Terra movendo-se ao contrário, de leste para oeste. A concepção de dia e noite, crianças, regula as nossas atividades na Terra e, especialmente para nós, em Teçá. É o dia e a noite que controlam muitos dos processos naturais. É com base neles que a gente marca e desmarca compromissos. O dia e a noite são definidos pela rotação da Terra.

— Nossa, professora, como essa explicação faz sentido para mim agora! — exclama Antônia, sentindo-se contemplada em sua curiosidade.

— Sim, Antônia, as leis da Natureza nos fascinam.

Antônia, ainda mais intrigada, questiona:

— Mas estão faltando componentes do movimento, professora. Entendo a rotação e compreendo a translação ou revolução. E já joguei pião por muitos anos na minha curta vida. Mas a senhora disse que há quatro principais componentes do movimento da Terra e, até agora, só ouvi sobre duas. Quando eu jogo um pião, professora, e supondo que ele seja a Terra, eu o vejo girar em torno dele mesmo, o que seria equivalente à rotação da Terra, e também a deslocar-se pelo chão, o que seria equivalente à translação ou revolução da Terra. Quais seriam as outras componentes do movimento?

— Antônia, você sempre me surpreende com as suas perguntas interessantes. Se o pião é a Terra, imagine, então, que no centro dele passa um eixo imaginário que seria equivalente ao eixo Norte-Sul da Terra. Quando o pião vai girando em torno dele mesmo e aleatoriamente pelo chão, você deve notar que o eixo de rotação do pião também parece descrever um círculo no céu. Com a Terra não é diferente. O eixo de rotação da Terra descreve, ao longo de 26 mil anos, um círculo no céu. Essa é a terceira componente do movimento da Terra, a que chamamos precessão. Na verdade, a precessão pode ser dividida em muitas outras subcomponentes de movimento. E como o pião, que cambaleia em torno do seu próprio eixo e translada pelo chão, a Terra também cambaleia; a esta componente do movimento chamamos nutação, cuja subcomponente mais importante leva 18 anos e meio para se completar. Rotação, translação ou revolução, precessão e nutação formam um movimento único que denominamos "movimento da Terra".

— Tudo junto?

— Sim, Antônia, tudo junto. E é a precessão que fará com que as estações do ano na Terra se invertam a cada 13 mil anos. Onde é Verão agora passará a ser Inverno e vice-versa. Mas isso vocês vão estudar em mais detalhes no próximo ano.

— Isso é interessante demais, professora. Mas, — continua Antônia — enquanto eu entendo que podemos comparar a Terra ao pião e entendo as quatro principais componentes do movimento da Terra que a senhora descreveu, não entendo uma coisa fundamental. Lá no meu quintal, sou eu, com meu cordão, que jogo o pião para fazê-lo girar em torno dele mesmo, transladar, precessionar e, aos poucos, cambalear. Sou eu, com o meu cordão, que decido o quanto o pião vai "dançar" na minha frente. E no caso da Terra? Quem ou o que a faz girar em torno dela mesma e do Sol? E ainda "sambar" ou "cambalear" em precessão e nutação? Isso eu realmente tenho muita dificuldade em entender.

Sabendo que Antônia é insaciável e já querendo mudar de assunto rapidamente para poder voltar a falar da Gincana, Dona Anita propõe:

— Está bem, crianças. Já falamos demais sobre o movimento da Terra. Voltaremos a esse assunto durante nossa gincana. Preciso agora terminar de lhes explicar como será essa atividade, tudo bem? Antônia, sei que você é especialmente curiosa, o que estimulo, mas você aguenta esperar até a gincana, querida?

Antônia sacode a cabeça concordando.

— Então, como estava dizendo no início da aula, vamos espalhar por Teçá enigmas que vão, um a um, levá-los à descoberta de um tesouro ao final da gincana e, paralelamente, a descobertas valiosas sobre o Sistema Solar. Em uma semana, aqui mesmo na escola, será entregue a primeira pista e estará aberta, oficialmente, a nossa gincana. Vocês estão liberados por hoje. Nós nos vemos amanhã.

Antônia, entusiasmada, pensa em Urânia, sobre como ela poderia ajudá-los nessa fantástica aventura de enigmas e mistérios pela pequena Teçá, e se lembra de que ela viria encontrá-la na escola em algum momento. Vai para casa cantarolando, carregando orgulhosamente a luneta consigo. A sua cabeça fervilha de ideias e pensamentos. Saltitante, Antônia recita o refrão da canção que ela e os amigos entoavam nas brincadeiras de roda com o pião, enquanto pensa, com ânimo, na gincana.

— *O Pião entrou na roda, o pião* / *O pião entrou na roda, o pião* / *Roda pião, bambeia pião* / *Roda pião, bambeia pião* / [...] *Mostra a tua figura, ó* pião / Mostra a tua figura, ó pião / Roda pião, bambeia pi*ão* / [...] *Entrega o chapéu ao outro,* ó pião / Entrega o chapé*u ao outro,* ó pião / Roda pião, bambeia pi*ão!*

Capítulo VII

A GINCANA

Outro dia, na aula de Ciências, discutimos o corpo humano e como nascemos. Foi engraçado perceber que, até poucos dias atrás, os adultos à minha volta, numa tentativa exagerada de me esconderem a verdade, como se criança e adolescente não pensassem e não tivessem identidade, diziam-me que eu tinha vindo ao mundo por meio de uma cegonha. Nunca acreditei naquela história tão ingênua. Aliás, duvido de quase tudo que os adultos me dizem. E Papai Noel, gente? Para que conversa mais sem pé nem cabeça do que essa? Os adultos insistem em desconsiderar que nós, crianças e adolescentes, pensamos.

Quando, à minha volta, eu percebo os fenômenos da Natureza com suas regularidades e irregularidades, com suas ordens e desordens, eu me pergunto de onde será que veio tudo isso. Por que será que estamos aqui na Terra a observar o amanhecer e o pôr do Sol? Por que será que vemos a Lua e as estrelas? Os planetas? Os cometas? Estamos sozinhos neste imenso Universo? O que é a vida? Da pequena Teçá aos confins do Universo é, certamente, uma longa viagem... E não conheço máquina alguma que seja capaz de me levar a essas fronteiras longínquas. Bem, talvez seja audacioso demais perguntar-me por tudo o que há no Universo; talvez seja demasiadamente grande e assombroso para a minha idade. Queria entender nem que fosse o mínimo à minha volta, por exemplo, como o Sistema Solar se formou? Há outros sistemas planetários na nossa Galáxia? Se sim, qual é a diferença entre eles e o nosso Sistema Solar? Há vida fora da Terra?

Como de costume, Antônia começa o dia escrevendo em seu diário. A escrita é para ela um parque de diversões, a fronteira entre o mundo de criança e o mundo dos adultos, um refúgio da realidade que, às vezes, massacra e nos limita. É na escrita que Antônia exercita a curiosidade e passeia por mundos mágicos nunca antes visitados. Ela não tem medo de pensar. Desabafa com seu diário.

Ao terminar de escrever, Antônia levanta-se, toma café com bolo de fubá, conversa com os irmãos sobre a gincana e sai de casa ansiosa para o que viria. Teria, finalmente, algumas respostas para muitas das suas perguntas e mal esperava para desvendar os grandes mistérios e conseguir o tesouro. Ao se aproximar do portão da escola, no entanto, ela não acredita no que os seus olhos avistaram de longe. "Não pode ser!"— repetia para si mesma. Era Urânia à sua espera no portão da escola. Aquela moça alta e esguia, de cabelos longos e olhos escuros era inconfundível. "É ela, Urânia!", "É ela, Urânia!".

Ao se aproximar, Antônia cumprimenta-a e relata empolgada sobre o sucesso da Noite de Pijamas. Em seguida, explica à Urânia como funcionaria a gincana proposta pela professora de Ciências. Urânia, sem hesitar, oferece ajuda ao grupo naquela que seria uma epopeia celeste pela velha Teçá e aguarda Antônia, pacientemente, do lado de fora da escola. Mais uma vez, a campainha da escola toca em sinal de que todos devem fazer fila no pátio antes de seguirem às suas salas. Ao chegar à sala, a professora avisa que a primeira pista da gincana já se encontra atrás da mangueira localizada defronte ao Pavilhão II e que todos, cerca de 20 estudantes, estavam liberados para começar a caça ao tesouro.

Enquanto isso, do lado de fora da escola, Urânia fixa o olhar numa borboleta que parece beijar uma flor do jardim simples ao lado da escola. Enquanto parece hipnotizada pelas cores das asas da borboleta, Urânia voa em pensamentos e reflete sobre a sua trajetória até chegar ali, a uma cidade pequena e perdida no meio do nada. O Rio de Janeiro tão longe... Queria ela esquecer as desventuras amorosas, o aborto que sofreu e, sobretudo, esquecer o que teve que abdicar na vida em nome da carreira, afinal, foram anos de dedicação aos estudos, sem parar. Pensou nos momentos que passou longe da família e nas horas de lazer perdidas. Chateada, repassou as várias situações de preconceito que, como mulher, enfrentou em sua trajetória científica. Mas, certamente, o que mais lhe doía era pensar no filho que não teve e que, segundo os médicos, jamais viria a ter. Dolorosamente, ela tentava imaginar como seria o rosto dele. Seria menino? Menina? Lembrava, nostálgica, as palavras que seu próprio pai lhe dizia: "na vida, todo ser humano deveria ao menos plantar uma árvore, publicar um livro e ter um filho". Repetia para si que desapontaria o pai uma vez mais, já que ele nunca quisera que ela fosse uma cientista, uma física, uma astrônoma.

Olhando para o infinito, em meio a pensamentos conflitantes, tentava imaginar como o seu bebê seria física e psicologicamente. Tão curioso ou curiosa quanto Antônia? Faria perguntas tão interessantes quanto as dela? — perguntava-se sem parar, quase que obsessivamente. Perdida entre pensamentos e imagens do passado, Urânia regressa à realidade com a voz estridente de Antônia a chamá-la:

— Urânia, Urânia! A gincana começou e aqui está nossa primeira pista. Leia isto.

— Deixe-me ver, Antônia, o que diz o envelope. Estou curiosa.

— Pessoal, esta é a Urânia, uma amiga que conheci no estaleiro da cidade e que me presenteou com a luneta. Ela vai nos ajudar com a gincana.

Urânia abre o envelope, tira dele um pedaço de papel branco e lê, com Antônia, em voz alta:

"*'Stamos* em pleno mar... Doudo no espaço / Brinca o luar — dourada borboleta; / E as vagas após ele correm... cansam / Como turba de infantes inquieta.

'Stamos em pleno mar... Do firmamento / Os astros saltam como espumas de ouro... / O mar em troca acende as ardentias, / — Constelações do líquido tesouro...

[...]

Bem feliz quem ali pode nest'hora / Sentir deste painel a majestade! / Embaixo — o mar em cima — o firmamento... / E no mar e no céu — a imensidade!".

E, mais abaixo no papel, ainda se podia ler a frase "A norte da bandeira, o baú".

— O que será que isso quer dizer? Para mim é como grego — comenta uma das crianças.

— Antônia, crianças, são estrofes do Poema Navio Negreiro, de Castro Alves.

— Não conheço esse poema, Urânia. — diz Antônia, com cara de desapontamento.

— É um poema épico, Antônia. Trata-se do retrato da saga dos africanos ao cruzarem a eternidade azul-petróleo do Oceano Atlântico rumo ao Brasil. Esse poema faz referência ao povo negro que foi sequestrado de seus países de origem para trabalhar no Brasil como escravo. Foi escrito pouco antes do histórico ano de 1888, quando os escravizados foram alforriados aqui em nosso país, pelo menos em teoria, já que, na prática, continuaram sem nada, sem direitos básicos fundamentais, entregues à própria sorte de um estado que não cumpre com o dever de casa com o seu povo mais sofrido.

— Oxente, eu não entendi onde vamos parar com isso. Deixe-me ler de novo então, com mais atenção.

— Antônia, se a sua professora disse que os enigmas nos levarão a diferentes lugares de Teçá, eu diria que teríamos que ir para o estaleiro da cidade. É para lá que a gente tem que ir.

— Você está certa. No poema, o poeta exalta a beleza e os mistérios do mar, tal qual a beleza e os mistérios do céu. Consigo enxergar a exaltação de felicidade ao se poder olhar o mar e o céu, que se misturam no horizonte. A Lua, os astros, as constelações. É para o estaleiro que devemos ir.

— Sim, Antônia, é exatamente isso. No céu, todos os dias, testemunhamos um pouco da imensidão do Universo. Quanto mais longe olharmos, mais longe no passado enxergaremos. Mas eu gosto de ver o céu e o mar conectados quando penso que foram orientados pelas estrelas que muitos navegadores e pescadores conseguiram, e conseguem até hoje, ir a diferentes lugares da Terra e vir deles pela imensidão dos oceanos. A estrela Polar, no Hemisfério Norte, e o Cruzeiro do Sul, no Hemisfério Sul, são guias pelas viagens além-mar. A altura da estrela Polar, ou seja, a distância angular desde o chão do navegador — plano do horizonte — até a posição da estrela Polar no céu, define o valor da latitude do observador, isto é, a latitude geográfica no Hemisfério Norte. Prolongando-se o braço maior da constelação do Cruzeiro do Sul por quatro vezes e meia no céu, na direção em que todas as estrelas parecem se mover, encontraremos aproximadamente o Polo Sul da Terra. E, como vocês já podem imaginar, a distância angular desde o chão do navegador — plano do horizonte — até a posição do Polo Sul no céu também define a latitude do observador, ou seja, a latitude geográfica, em valor absoluto, para um observador no Hemisfério Sul. Lamentavelmente, garotos e garotas, muitas vezes essas viagens trouxeram dor e desespero para quem ficou, para quem viajou nos navios, como os africanos sequestrados de seus sonhos e das pessoas que amavam, e também para quem recebeu esses navegadores e exploradores do mar, como os nossos índios, os povos nativos ou originários, que foram dizimados em massa.

— Engraçado, Urânia, não leio isso no meu livro de História. — diz, com revolta, Antônia.

— Muitas vezes, Antônia, a História Oficial, a dos livros, é a história dos vencedores e não a dos vencidos, dos silenciados. Há de se pensar no "lugar" de quem escreve. Nem sempre, por questões diversas, será exaltada a história dos que foram vencidos e silenciados na marra. Essas pessoas, subalternizadas, não estão representadas nos livros, na História Oficial do nosso país, nem em muitos lugares de poder e de tomada de decisões.

— Urânia, fala um pouco mais sobre o céu dos navegadores. O que eles viam? Apenas estrelas?

— O céu dos navegadores, Antônia, não era tão diferente do nosso céu. A diferença, claro, está apenas na poluição luminosa que temos que enfrentar nos dias de hoje, sobretudo nas grandes cidades. Além das estrelas de diferentes cores e brilhos, estavam presentes os planetas, a Lua, as nebulosas, as galáxias, os satélites, os cometas, dentre outros corpos celestes. Esses são, talvez, alguns dos astros a que o poema Navio Negreiro se refere. Essencialmente, o nosso Sistema Solar é formado por uma estrela, o Sol, por oito planetas, Mercúrio, Vênus, Terra, Marte, Júpiter, Saturno, Urano e Netuno, por corpos menores, dentre os quais estão os satélites naturais, como a Lua, os planetas anões, os anéis dos planetas gigantes, os asteroides e os cometas, além de poeira, gases e campos gravitacionais e magnéticos. — explicou Urânia, em tom professoral. Todos esses astros — planetas, cometas, asteroides e planetas anões — giram em órbita do Sol ou dos próprios planetas e, no caso dos satélites e anéis, em conjunto. É uma *dança* cósmica bem aqui perto de nós.

— Não tão perto assim… — afirma Antônia, aos risos…

— Bom, depende do que você entende como perto. Certamente ir do quintal da sua casa até os coqueiros que enfeitam a orla fluvial de Teçá é mais próximo. Mas, pensando nas escalas de distância do Universo, podemos dizer que, sim, a *dança* cósmica dos planetas e outros corpos do Sistema Solar é bem aqui perto de nós.

— Perto quanto? — indaga Antônia.

— Uma unidade astronômica. Assim como 1 kilometro equivale a 1.000 metros, na Astronomia 1 unidade astronômica equivale a 150 milhões de kilometros, aproximadamente. Essa é a distância que nos separa do Sol, o qual tem um raio equivalente a cerca de 108 vezes o da Terra e uma massa que é cerca de 333 mil vezes a da Terra.

— E a Lua, Urânia? A quantos kilometros ela está de nós? O Sol e a Lua têm o mesmo tamanho? — segue perguntando Antônia.

— A Lua está mais próxima, Antônia! Ela se encontra a cerca de 380.000 kilometros de nós, o que equivale dizer que ela está, em relação à distância Sol-Terra, cerca de 400 vezes mais próxima da Terra. No entanto, embora mais longe da Terra, o Sol é aproximadamente 400 vezes maior do que a Lua e, por isso, o Sol e a Lua são aproximadamente iguais em tamanho angular no céu. Além disso, proporcionalmente, em termos de interação gravitacional "Sol-Terra-Lua", sobre a Terra, a força gravitacional da Lua é mais intensa do que a do Sol. Isso se dá porque, embora com uma massa muito maior do que a Lua, o Sol está muito mais longe da Terra. Essa relação é ainda mais intensa no caso da força de maré que, matematicamente, decai com o cubo da distância. Por isso a força de maré da Lua sobre a Terra é mais acentuada do que a do Sol sobre o nosso planeta.

— Sendo assim, quanto tempo levaríamos para chegar à Lua ou ao Sol? — questiona Antônia, pensando sobre a conversa de outro dia, com a sua mãe, sobre viagens da humanidade à Lua.

— Pense nos taxistas. A maioria deles locomove-se com uma velocidade média de cerca de 60 km/h. Se um taxista precisasse sair daqui de onde estamos para o estaleiro a que queremos ir, o que dá cerca de 10 km, nós levaríamos 10 minutos. Isso porque a velocidade média é igual ao deslocamento pelo intervalo de tempo, assim sendo, esse último, é o deslocamento pela velocidade média, ou seja, nesse caso, 10 km / 60 km/h é aproximadamente 0,17 h. Fazendo as contas para o caso do intervalo de tempo que a luz do Sol leva para chegar à Terra, concluímos que é de cerca de oito minutos. E como é que chegamos a esse valor? Vamos fazer a conta: a distância Sol-Terra é de cerca de 150 milhões de kilometros, ou seja, uma unidade astronômica, e a luz *se locomove* com uma velocidade constante de 300.000 kilometros por segundo, no vácuo. Então, o intervalo de tempo que a luz vinda do Sol leva para chegar à Terra é de 150.000.000 km / 300.000 km/s, o que dá cerca de oito minutos.

— Gente, que maravilha é perceber a beleza da Matemática e da Física. Agora entendo o que você nos disse sobre observarmos o passado quando olhamos para mais longe. E que olhamos para o passado quando observamos as estrelas. Por conta das longas distâncias percorridas no Universo, a luz leva um tempo para chegar até nós depois que deixou os astros. Isso é realmente belo! A luz do Sol, que quase todas as manhãs cruza as frestas da janela do meu quarto, chega cerca de 8 minutos depois de ter sido emitida pelo Sol. Poético! Lindo!

— Exatamente isso, Antônia.

— E no caso de emitida a partir dos lugares mais longínquos do Sistema Solar, Urânia? Quanto tempo levaria?

— Teríamos que fazer a conta. Plutão, por exemplo, está a cerca de 30 unidades astronômicas de nós. E os lugares nos confins do Sistema Solar podem estar a cerca de 100 unidades astronômicas, facilmente... Fora do Sistema Solar, a estrela mais próxima de nós, Alfa Centauri, está a 4,5 anos-luz, isto é, a luz dessa estrela leva 4,5 anos para chegar até aqui. Um ano-luz equivale a cerca de 9,5 trilhões de kilometros, sendo, portanto, uma unidade de distância e não de tempo como muita gente acredita.

— Puxa, bem longe mesmo! Mas, Urânia, os navegadores viam todos os planetas do Sistema Solar?

— Não, Antônia, os navegadores só viam os planetas que podemos ver a olho nu, sem auxílio de um telescópio. Mercúrio, Vênus, Marte, Júpiter e Saturno. Como esses planetas se movem no céu de maneira errante, tem que ter prática para localizá-los, o que os navegadores tinham, e de sobra. Além disso, eles não tinham a poluição luminosa que temos hoje, então, os corpos celestes eram facilmente reconhecíveis.

— Sim, eu já me dei conta de que a Lua e os planetas parecem seguir o mesmo caminho do Sol.

— Exato. Além de as estrelas parecerem fixas no céu, o que não acontece com os planetas, elas parecem cintilar muito mais do que eles. A cintilação é um fenômeno causado pela atmosfera da Terra, ou seja, vistos do espaço, onde não há atmosfera, estrelas e planetas não cintilam. No entanto, vistas da Terra, as estrelas, as quais produzem energia própria e estão muito mais distantes de nós do que os planetas, aparecem como pontos de luz que terão os seus raios chegando aos nossos olhos formando um zig-zag que dá o efeito de cintilação. Já os planetas, muito mais próximos de nós e que não produzem energia própria, apresentam, alternativamente, geometria mais complicada, não pontual, na forma de um disco quando vistos ao telescópio. Nesse caso, é muito mais difícil para a atmosfera da Terra desviar a luz que chega dos planetas, o que bloqueia, globalmente, o efeito atmosférico da cintilação. Algumas vezes, principalmente quando os planetas estão bem baixos no céu, vocês poderão vê-los cintilar. Isso acontece porque a luz refletida do planeta cruza, na direção do horizonte, uma camada mais espessa da atmosfera.

Urânia, entusiasmada, pede auxílio de nove estudantes para fazer uma brincadeira.

— Crianças, preciso de nove voluntários. Você, Antônia, será o Sol.

E, nomeando um a um, define quem será cada planeta do Sistema Solar, entregando dois números para cada estudante, um para ser colado no peito, e outro nas costas. Depois, Urânia ordena:

— O "Sol" vai segurar os números 108 e 333 mil. "Mercúrio", 0,38 e 0,055. "Vênus", 0,95 e 0,82. "Terra", 1 e 1. E "Marte", 0,53 e 0,11.

Olhando para os outros estudantes, segue Urânia em sua brincadeira:

— "Júpiter", fique com os números 11,2 e 318. "Saturno", 9,4 e 95,2. "Urano", 4 e 14,5. E "Netuno", 3,9 e 17,1.

— Urânia, mas e agora? O que significam todos esses números? — pergunta um dos estudantes, encabulado.

— Calma, vou explicar. O primeiro número equivale ao raio de cada corpo celeste do Sistema Solar representado por vocês, enquanto o segundo número diz respeito à massa dos corpos, ambos em relação ao tamanho (raio) e à massa da Terra, nessa ordem. Por isso que a "Terra" tem sempre o número "um". Tudo está sendo medido em relação à Terra. Entendido, crianças? — pergunta Urânia em voz alta e segue explicando:

— Então, por exemplo, com base nos números que eu lhes dei, o Sol tem 108 vezes o raio da Terra, que vale 6.378 km, e tem 333 mil vezes a massa da Terra, que vale $5,972 \times 10^{24}$ kg. Netuno, por sua vez, tem 3,9 vezes o raio da Terra e 17,1 vezes a sua massa.

— Puxa, que legal. Ei, Júpiter, eu sou quase do teu tamanho. — grita, animada, uma das estudantes, antes que todos caíssem na risada calorosamente.

— Bom, garotada, certamente vocês não terão como dimensionar todos esses números em suas cabeças. Mas tenho mais uma proposta para que vocês entendam como os diferentes planetas do Sistema Solar se distribuem em tamanho (raio) e distância. Então, vamos supor que o Sol tenha apenas 16,5 centimetros de diâmetro, ou seja, quase do tamanho de uma régua de 20 centimetros que vocês usam na escola. Diâmetro, não sei se vocês sabem, equivale a duas vezes o valor do raio. Nesse caso, tendo o Sol 16,5 centimetros de diâmetro, Mercúrio seria muito pequeno, do tamanho de um minúsculo grão de areia; Vênus e Terra seriam do tamanho de um grão de areia; Marte teria quase um milimetro; Júpiter, o gigante, teria o tamanho de uma moeda de um centavo de real; Saturno seria do tamanho de um botão da camisa de vocês, enquanto Urano e Netuno seriam aproximadamente do tamanho da metade de um botão.

— Urânia, estou impressionada com essa sua comparação. Então, quer dizer que o Sol domina tudo no Sistema Solar? É isso?

— Sim, Antônia, a massa do Sistema Solar está concentrada aproximadamente 99,9% no Sol.

— Incrível. Isso é realmente incrível — comenta Antônia.

— Mas em relação à distância ao Sol, você teria uma comparação assim?

— Sim, eu tenho. Antônia, que é o nosso "Sol", por favor, posicione-se aqui. Quero que todos os outros caminhem, à minha ordem, a partir de Antônia. "Mercúrio", caminhe 7 passos; "Vênus", desloque-se 13 passos; "Terra", 18 passos; "Marte", 27 passos; "Júpiter", 92 passos; "Saturno", 169 passos; "Urano", 340 passos e "Netuno", 533 passos.

— Nossa! Olhem só a que distância Netuno se encontra de nós, Antônia! — fala alto um dos estudantes.

— Muito longe, Urânia!

— E Plutão, onde se encaixa Plutão nisso tudo? — pergunta outra estudante.

— Plutão, meninos e meninas, assim como outros planetas anões do Sistema Solar, está, em média, a 39,5 unidades astronômicas do Sol e apresenta cerca de 0,18 vezes o raio da Terra e 0,0022 vezes a massa dela.

— Bem pequeno, e longe! — conclui um dos estudantes.

— Exatamente. O tamanho desses corpos celestes é uma das razões pelas quais eles são considerados planetas anões. Para ser planeta, como os oito do Sistema Solar, o corpo tem que estar em órbita ao redor de uma estrela; a órbita precisa estar livre, limpa e, além disso, ele precisa ter gravidade própria suficiente, de tal forma a assumir a geometria esférica. Por não satisfazer um dos critérios, Plutão foi, em 2006, reclassificado pela União Astronômica Internacional e desconsiderado planeta na sua denominação clássica, para descontentamento de muitos astrólogos e também astrônomos. Essas decisões são sempre políticas. A Ciência não é pura, neutra, como muita gente imagina.

— Então, no Sistema Solar, não há uma outra estrela, isto é, o Sol está sozinho, enquanto os planetas movem-se ao redor dele?

— Todos os corpos estão em movimento no Universo e a busca de um sistema de repouso absoluto é apenas uma materialização do pensamento. O Sol e os planetas giram em torno de um ponto comum no Sistema Solar denominado centro de massa ou baricentro. Como a massa do Sol é dominante no sistema, o baricentro do Sistema Solar está localizado bem pertinho do centro do Sol. Além disso, a nossa estrela favorita move-se dentro da nossa galáxia, a Via Láctea. No caso do Sistema Solar, não apenas os planetas, mas também os asteroides e cometas estão a girar em torno do Sol. E os satélites naturais e anéis, de certa forma, também participam desta *dança*, já que estão gravitacionalmente ligados aos seus planetas hospedeiros, que giram em torno do Sol. Até o momento, não há evidência de que o Sol esteja ligado gravitacionalmente a outra estrela, ou seja, o Sol é uma estrela "simples", isolada, como se diz no jargão da Astronomia, não faz parte de um sistema duplo, triplo.

— Onde estão os asteroides e cometas no Sistema Solar?

— Bom, os asteroides encontram-se basicamente em dois lugares no nosso sistema. Um deles entre a órbita de Marte e a de Júpiter, chamado "vale" de Cinturão de Asteroides. Acredita-se que um planeta deveria ter se formado ali, mas isso não aconteceu. Sabe-se que há asteroides também na altura da órbita de Júpiter e Saturno. Já os berçários de cometas são encontrados mais afastados no Sistema Solar, um deles além da órbita de Netuno, denominado Cinturão de Kuiper, e o outro bem mais longe da órbita de Plutão, nos confins do Sistema Solar, conhecido por Nuvem de Oort.

— Realmente, pelo que você diz, o Sistema Solar mais parece uma *dança* cósmica de vários corpos celestes em volta do Sol.

— Sim, uma *dança*. Os planetas, satélites naturais, asteroides, planetas anões e cometas seriam as bailarinas. Assim como a massa do Sistema Solar concentra-se no Sol, essa "dança" ou "momento angular" do Sistema Solar concentra-se nos planetas. O Sol domina em massa, mas são os planetas que dominam em momento angular, que é a grandeza física que mede a quantidade de *giro* de certo corpo em relação a um eixo. Como exemplo, pensem numa bailarina girando em torno do seu próprio eixo.

— Urânia, veja aqui na parte de baixo do bilhete da professora. Você está lendo essa inscrição? — pergunta Antônia.

— Sim, Antônia, lê-se "a norte da bandeira, o baú". Pelo que entendo dessas pistas, temos que ir ao estaleiro da cidade e lá procurarmos uma bandeira. Ao norte da bandeira, devemos encontrar um baú… Não sei o que nos espera, mas eu acho que é isso que temos que fazer. Vamos todos para o estaleiro agora mesmo.

Apressados, Urânia e os estudantes saem em disparada rumo ao estaleiro da cidade. Eram 8 horas da manhã e eles mal haviam começado a gincana.

Capítulo VIII

GÁS E POEIRA

Ao chegarem ao estaleiro e ainda atônitos com o que tinham acabado de ouvir sobre os planetas do Sistema Solar, Antônia e os aventureiros do Universo, acompanhados por Urânia, procuravam pela pista, conforme escrito no bilhete da professora: "uma bandeira, um baú". Para localizar o norte, buscaram o Sol no céu e, com base nele, mais ou menos ligaram os quatro pontos cardeais: leste (direção nascente do Sol); oeste (direção poente do Sol) e a direção Norte-Sul, na perpendicular à direção Leste-Oeste. Antônia, de longe, avista uma bandeira e grita:

— Pessoal, ali está a bandeira! É a bandeira do estaleiro e, de fato, na direção norte. Vejam a posição do Sol no céu... O norte está para aquele lado. — aponta ela, à sua frente, ao indicar o leste com o braço direito.

— Muito bem, Antônia! — grita uma das estudantes.

Todos deslocam-se para a bandeira. Urânia, embora entusiasmada com a gincana e curiosa por saber onde chegariam até encontrar o tesouro, tenta não influenciar os passos e as decisões de Antônia e de sua turma aventureira.
— Antônia, olhe atrás do mastro da bandeira. Há um baú. Vamos abri-lo. — diz um dos estudantes.

— Vejam, há um pequeno termômetro de mercúrio dentro do baú. E, enrolado ao termômetro, uma inscrição que diz o seguinte: "Uma receita de bolo, um termômetro, um relógio e um forno. Junte farinha, leite, ovos, fermento, manteiga e açúcar. Bata tudo junto e terá um bolo. Gás e poeira. Se precisar de mais algum ingrediente para desvendar a receita de formação do Sistema Solar, busque a barraca nove do mercado popular.".

— Eu acho que a nossa professora está complicando demais. Como assim bolo e Sistema Solar? Eu não estou entendendo mais nada desse "mistério". — reclama Antônia, com ar de frustração.

— Antônia, calma. — diz Urânia. Você precisa se acalmar e tentar interpretar o que o bilhete diz.

— Urânia, estou calma. Só não consigo perceber qualquer conexão entre fazer um bolo e a formação do Sistema Solar.

— Está bem. Vamos tentar entender um pouco melhor o que essa pista quer nos dizer. Para preparar um bolo de banana, o que precisamos fazer? Precisamos, de fato, misturar vários ingredientes — banana, farinha, leite, manteiga, ovos, açúcar e fermento. Depois temos que bater tudo. Quanto mais rápido misturamos a massa, mais consistente ela fica. Com uma batedeira elétrica ou com uma colher, quando estamos batendo a massa, nota-se que pequenas bolinhas se formam na periferia da panela onde a massa está sendo homogeneamente misturada. Para assar o bolo, precisamos aquecer o forno e deixar que asse a uma certa temperatura por uma fração de tempo, normalmente por cerca de 45 minutos a uma temperatura de 180ºC até que possamos ter um delicioso bolo à mesa.

E Urânia segue em sua explicação.

— O Sistema Solar também começa a partir de uma massa, constituída basicamente de gás e poeira (silicatos, oriundos de silício), ao que chamamos nuvem molecular ou nebulosa solar gasosa. O gás é composto de cerca de 75% de hidrogênio e 23% de hélio, e o restante, cerca de 2% da massa, é composto de todos os outros elementos químicos da tabela periódica, que, em Astronomia, denominamos metais. A presença de elementos mais pesados que o hidrogênio e o hélio na nebulosa, ou nuvem molecular, que deu origem ao Sistema Solar reflete a idade da nuvem. Em primeira aproximação, quanto mais jovens são as nuvens encontradas hoje mais elementos pesados estarão presentes nelas, ou seja, essas nuvens serão mais ricas em metais. As nuvens moleculares são frias, com temperaturas abaixo de 0 ºC, e de baixa densidade.

— Por que isso acontece, Urânia? Qual é a idade da nuvem que deu origem ao Sol? — pergunta uma das estudantes.

— O Sol, que está na metade da vida dele, tem 4,5 bilhões de anos, isto é, ele é bem mais jovem que o Universo, que tem 13,8 bilhões de anos. A nuvem que deu origem ao Sol foi enriquecida por elementos mais pesados, por estrelas que nasceram e morreram antes, já que todos os elementos químicos da Tabela Periódica que observamos hoje, exceto hidrogênio e hélio, foram formados no interior de estrelas ou a partir da explosão delas, envolvendo variados processos físicos. Esses elementos são lentamente depositados no meio interestelar, o meio que permeia as estrelas, à medida que elas vão morrendo.

— E esses elementos químicos são os mesmos que a gente vê no nosso dia a dia, Urânia? — pergunta Antônia.

— Sim, Antônia. Os mesmos elementos. O oxigênio que respiramos, o nitrogênio da atmosfera, o carbono dos diamantes, do nosso DNA e do lápis que você usa na escola, o cálcio dos nossos ossos, o ferro do nosso sangue, o flúor da nossa pasta de dente. Todos esses elementos, até o ferro, são fabricados no *coração*, no núcleo das estrelas, que, ao morrerem, devolvem esse material para o meio interestelar, onde as nuvens moleculares são formadas. Essas nuvens são os berçários das estrelas.

— Mas e a poeira? Onde entra nisso? Você disse que eram gás e poeira que formavam a massa que deu origem ao Sistema Solar.

— A poeira contida nessa grande massa é formada basicamente de grãos esféricos constituídos de silicatos, grafites e gelo que variam em tamanho. Vão da ordem de micrometros até um metro de diâmetro.

— E o que são silicatos e grafites, Urânia? Gelo eu sei que é água.

— Os silicatos, Antônia, são como areia da praia do rio no qual você brinca. Os grafites são o mesmo material de que é feito o lápis que você usa na escola.

— Nossa, que incrível isso! Eu já fiz vários bolos com mainha em casa. Já bati muita massa. Mas como é que a Natureza faz para "bater" a massa que dará origem ao Sistema Solar?

— Meninos e meninas, essa massa é gigante, com raios superiores a 100 unidades astronômicas. Para fazer o Sistema Solar, é preciso concentrar essa massa, misturá-la, girá-la e, depois, "acender o fogo". A gravidade faz isso. A gravidade faz com que essa imensa massa de gás e poeira se concentre (caia para o centro) e se divida. É o que chamamos, respectivamente, de colapso, já que a gravidade puxa tudo para o centro, e de fragmentação da nuvem, que se quebra em pedaços à medida que a nuvem gira e colapsa. O colapso e a fragmentação podem também ser induzidos por efeitos externos, como explosões de estrelas por perto da nuvem molecular. Eventualmente, um dos fragmentos com massa um pouco maior do que uma massa do Sol deu origem a ele e ao Sistema Solar. Nesse caso, 99,9% desse fragmento foi usado para formar o Sol, e o que sobrou foi usado para formar os planetas e outros corpos do nosso próprio sistema.

— Mas, Urânia, o Sol brilha. Emite luz todos os dias. É a luz do Sol que faz com que a vida aconteça na Terra. Como, então, o Sol começa a brilhar?

— Antônia, você é realmente uma menina muito especial. Tantas perguntas interessantes nessa sua cabeça. Quando se fragmenta, o pedaço da grande massa que deu origem ao Sol alcança temperaturas muito altas no centro.

É quando a "nossa massa de bolo" começa a cozinhar. Quando as temperaturas no centro ficam muito altas, então, o Sol começa a emitir luz e calor.

— Para cozinhar o bolo, precisamos de 180 °C no forno lá de casa, por 45 minutos. E para o Sol? Quando ele ainda não é estrela, de quanto precisa para começar a "assar", ou seja, para de fato se tornar uma estrela?

— De pelo menos quinze milhões de graus celsius no centro, Antônia. Depois de alcançar essas altas temperaturas no núcleo, a protoestrela ou embrião estelar dará origem ao Sol, que começa a emitir luz e calor por meio da fusão nuclear. Em outras palavras, o Sol surge quando a protoestrela começa a converter hidrogênio em hélio no núcleo, liberando uma grande quantidade de energia. A vida do Sol e de outras estrelas é marcada por essa guerra diária entre a pressão devido à força gravitacional dirigida para dentro, tentando fazê-lo colapsar sobre o próprio peso, ou seja, para o núcleo, e a pressão exercida pelo gás central que está "queimando" e que tenta fazer com que o Sol se desmanche para fora. Sempre que sair dessa condição de equilíbrio, o Sol e as outras estrelas precisarão se ajustar em temperatura e emissão de radiação (luminosidade).

— Que fantástico! Então, quer dizer que recebemos todos os dias calor proveniente do Sol devido à sua temperatura interior de 15 milhões de graus celsius?

— Antônia, essa é a temperatura central. Não confunda com a temperatura na superfície do Sol, que é da ordem de 6 mil graus celsius. Mas, de fato, recebemos do Sol parte da energia que ele produz, energia essa que é transportada de seu interior por diferentes mecanismos, como a convecção e a irradiação.

— Urânia, as coisas começam a fazer sentido para mim. Quando bato o bolo, a rotação da colher faz com que pequenos pedaços da massa fiquem na periferia, mais afastadas do centro, quase sem serem misturados. Já entendi como o Sol se forma, mas ainda não está claro como são formados os planetas e pequenos corpos do Sistema Solar.

— Quando a nuvem molecular colapsa e se fragmenta, antes mesmo que o Sol se forme, a rotação entra em jogo para tentar frear o colapso da nuvem. Para poder conservar o momento angular, e a Natureza adora conservar certas grandezas físicas, a rotação cria um disco. É nesse disco, um plano, que os planetas e os pequenos corpos do Sistema Solar são formados. Todos os corpos do Sistema Solar foram formados basicamente ao mesmo tempo, cerca de 4,5 bilhões de anos atrás.

— Puxa vida! Por isso, então, que o momento angular, que é uma medida da rotação do Sistema Solar, é dominado pelos planetas e outros pequenos corpos?

— Exatamente isso. A nuvem colapsa, fragmenta-se e é achatada pela rotação, formando um disco, como se fosse uma grande panqueca. Formam-se o Sol no centro da nuvem e os planetas e os corpos menores no disco, a partir da colisão de protoplanetas, que são resultados dos numerosos planetesimais formados da aglutinação de pequenos grãos de poeira e rochas por uma escala de alguns milhões de anos. Os planetesimais poderiam ser os pequenos pedacinhos ou caroços que se formam na massa de bolo.

— Nunca tinha imaginado que os bolos de mandioca de mainha poderiam me ajudar a entender como o Sistema Solar se formou.

— Pois é, Antônia. O Sistema Solar, dentro dessa ideia de formação a partir de uma nuvem molecular, tal qual o bolo de mandioca de sua "mainha", também precisa ter sabores especiais. O que resulta do "bolo Sistema Solar" são planetas praticamente isolados em suas órbitas, revolucionando em torno do Sol, em órbitas elípticas, quase circulares, e praticamente no mesmo plano. Além disso, os planetas movem-se no mesmo sentido em volta do Sol e quase todos, com poucas exceções, giram no mesmo sentido em torno de seus eixos de rotação; há luas que também giram no mesmo sentido que os planetas em torno dos seus eixos, mas, certamente, há exceções; corpos menores podem mover-se em órbitas mais extremas e bem fora do plano em que os planetas se movem em torno do Sol e, mais importante, os planetas do Sistema Solar são bem diferentes, distribuídos em dois grandes grupos, sendo mais uma vez a temperatura, denominada "temperatura de condensação", a responsável pelas diferenciações entre esses distintos grupos. Há o grupo dos planetas terrestres ou Telúricos e o dos gasosos ou Jovianos. No primeiro grupo, estão Mercúrio, Vênus, Terra e Marte e, no segundo, Júpiter, Saturno, Urano e Netuno.

Antônia, inquieta sobre o que acabara de ouvir de Urânia, passa a refletir sobre a unicidade da vida. Pensa sobre as diferenças genéticas e culturais das pessoas de Teçá e de sua própria família. Pensa na vida no quilombo de sua mãe quando criança e no fim trágico que teve o seu avô, morto na cidade grande quando voltava do trabalho. "Cada família com suas próprias histórias e conjuntos de valores éticos e morais", pensa Antônia; "cada pessoa com sua genética, com sua identidade, sua cultura e com sua própria história para dar conta". Antônia não consegue tirar da cabeça a história que Urânia acabara de contar. Os planetas do Sistema Solar, tais quais as pessoas do seu bairro, seguiam padrões de semelhanças e diferenças. Antônia estava, de fato, ansiosa para saber onde a história iria acabar.

— Urânia, os planetas do Sistema Solar se igualam a essas famílias ou se diferenciam delas?

— Depende, Antônia, de como você os enxerga. Se pensarmos em termos de órbitas, de como esses planetas revolucionam em torno do Sol, o astrônomo Johannes Kepler, ainda no século XVII, foi quem nos mostrou que as órbitas dos planetas são elípticas com o Sol em um dos focos. Ele também notou que os planetas, nessa elipse, varrem áreas iguais em intervalos de tempo iguais e percebeu que há uma relação entre período e distância quanto ao quadrado do período orbital de qualquer planeta ser proporcional ao cubo da distância média (semieixo maior da órbita) entre o planeta e o Sol.

— Urânia, como foi que Kepler conseguiu chegar a essas três conclusões?

— Teoricamente, ele era um convicto heliocentrista. Para ele o Sol estava no centro de tudo, contrário ao pensamento hegemônico da época. Kepler também usou muitos anos de observação de outro astrônomo, Tycho Brahe, o qual nasceu no século XVI, para poder chegar às suas três principais conclusões, hoje conhecidas como Leis de Kepler. O trabalho científico não é feito apenas por mentes brilhantes, inspiradas e inspiradoras. Tem que ter muita disciplina e árduo trabalho, muita paciência, erros e acertos. E foi isso que Kepler fez. Usou intuição, criatividade e os dados de Tycho para enunciar as três Leis, hoje em dia, tão famosas.

— Então, quer dizer que todos os planetas do Sistema Solar se movem em órbitas elípticas?

— Sim, mas quase circulares. Por isso que as estações do ano na Terra não têm nada a ver com a distância Terra-Sol. Os planetas mais internos revolucionam bem mais próximos do Sol, enquanto os planetas mais distantes, começando por Júpiter, revolucionam em torno do Sol em órbitas bem mais espaçadas.

— E, em termos de tamanho, Urânia? Nós fizemos aquela atividade que você propôs, comparando o tamanho dos planetas ao da Terra, mas como seriam divididas as famílias do Sistema Solar?

— Antônia, se você voltar para os cartazes da atividade que propus, vai notar que há, no Sistema Solar, basicamente três famílias de planetas em se tratando de tamanho. A primeira é formada pelos quatro planetas mais internos ao Sol; a segunda, pelos gigantes Júpiter e Saturno e a terceira, de tamanho intermediário entre a primeira e a segunda, formada por Urano e Netuno. E notar também que os quatro planetas mais internos são menos massivos que os planetas mais externos ao Sol. Júpiter é o maior dos planetas e o mais massivo, tendo cerca de 11 vezes o tamanho (raio) da Terra e cerca de 318 vezes a massa dela.

— Mas, Urânia, se Júpiter é grande e massivo comparado à Terra, quer dizer que ele é mais denso do que ela?

— Não, Antônia, não é assim. Você me disse que o seu pai é ferreiro e que, com frequência, você se pergunta até onde iria se pudesse quebrar em pedacinhos cada vez menores uma das ferramentas dele, não foi?

— Sim, Urânia, eu lhe disse isso. — respondeu Antônia, ansiosa pela resposta.

— Pois bem. Se você pudesse fazer isso, chegaria ao átomo. Dentro do átomo, você encontrará outras partículas: prótons, nêutrons e elétrons. Prótons e nêutrons são constituídos por partículas ainda mais fundamentais, denominadas quarks…

— Quarks?!

— Sim, quarks. Mais um nome difícil para o seu dicionário da Natureza. Toda matéria luminosa é composta de átomos. Então, para responder à sua pergunta sobre ser Júpiter mais denso que a Terra, preciso que você pense em termos de massa, tamanho e matéria. A massa está relacionada à quantidade total de matéria contida num corpo. O volume é o quanto esse dado corpo ocupa no espaço, e vai depender da sua geometria, ou seja, da forma. O ferro que seu pai usa na ferraria é um elemento pesado, pois tem mais átomos *empacotados* em certo volume do que, por exemplo, uma matéria composta de elementos leves, como o hidrogênio ou hélio. A densidade de um corpo é igual à massa dele dividida pelo seu volume. Então, para um mesmo volume, corpos constituídos por elementos mais pesados têm densidades médias mais altas do que aqueles constituídos por elementos mais leves.

— Então, quer dizer que a densidade dos planetas vai depender da composição química deles?

— Que garota esperta! Exatamente isso, Antônia. A água líquida tem densidade de 1.000 kilogramas por metro cúbico. Os planetas terrestres são mais densos que os planetas gasosos. Saturno, em particular, se pudesse ser colocado numa enorme bacia, flutuaria, porque a densidade dele é menor do que a da água.

— Você disse, faz pouco tempo, que o Sol, por ser uma estrela, emite a própria luz, enquanto os planetas apenas a refletem proveniente de outros corpos. Todos os planetas refletem luz de maneira parecida?

— Não, Antônia, não mesmo. Chamamos albedo a capacidade de um planeta em refletir a luz do Sol. Um espelho, que é um bom refletor, teria albedo próximo a 1. No Sistema Solar, Mercúrio, Terra e Marte têm valores médios de albedo da ordem de 0,37, enquanto Vênus, Júpiter, Saturno, Urano e Netuno apresentam valores médios mais altos, da ordem de 0,47. Albedos altos descrevem corpos compostos de materiais reflexivos, enquanto os baixos descrevem materiais rochosos.

— Isso é realmente fascinante... Em pensar que, quando olhamos para o céu, sequer imaginamos essas coisas... E, como a Terra, todos os planetas têm luas?

— Exceto Mercúrio e Vênus. Os planetas internos, até por conta da baixa massa, têm menos luas. A Terra apresenta uma lua apenas, e Marte, duas. Os planetas externos apresentam muitas luas, mas muitas delas com geometria "pouco" esférica, sendo mais parecidas com batatas. São asteroides que foram capturados pelo campo gravitacional dos planetas gigantes.

— Então, pensando bem em tudo o que você nos disse, parece haver uma linha de separação no Sistema Solar muito próxima a Júpiter. Os planetas terrestres são pequenos e densos, enquanto os planetas gasosos, como o próprio nome já denuncia, são grandes e pouco densos. E a densidade depende da composição química dos planetas.

— Correto!

— Só que os planetas terrestres estão próximos ao Sol, enquanto os Jovianos estão mais afastados. Isso quer dizer...

— ... Isso quer dizer, garotas e garotos, que diferentes elementos vão se condensar em diferentes lugares do Sistema Solar por conta da dependência com a temperatura. Próximo ao Sol, os elementos leves são expelidos por conta das altas temperaturas e da pressão de radiação proveniente dele (vento solar), enquanto, longe do Sol, os elementos leves podem ser retidos pela alta gravidade dos planetas (quanto maior a massa maior a gravidade).

— Conclusão: somente elementos pesados puderam se condensar nas regiões mais internas do Sistema Solar e, por isso, os planetas terrestres são formados de rochas e elementos mais pesados, enquanto as baixas temperaturas, aliadas também a elementos traços, favoreceram a formação de gelo em lugares após a órbita de Júpiter. E essa "linha de gelo" parece estar localizada entre Marte e Júpiter?

— Perfeita conclusão, Antônia! A "linha de gelo" é o local específico na nebulosa solar da protoestrela central, a partir da qual a temperatura é baixa o suficiente para que compostos voláteis como água, amônia, metano, monóxido e dióxido de carbono, se condensem em grãos de gelo sólidos.

— Que maravilha! Mas precisamos prosseguir, Urânia. Ainda não sabemos como vamos conseguir desvendar a pista que a professora nos deu. Temos que ir ao mercado de Teçá, em busca da barraca de número nove.

— Vamos, crianças, rumo ao mercado de Teçá, em busca da barraca de número nove. Também estou curiosa para saber o que iremos encontrar lá.

Capítulo IX

ROCHAS E METAIS

Passava-se de uma da tarde quando Antônia, Urânia e os outros aventureiros do Sistema Solar chegaram à banca número nove do mercado central de Teçá. Era uma banca de verduras e frutas, cujos vendedores, um casal de idosos, sorriam para a freguesia, enquanto tentavam vender suas iguarias. Antônia, por algumas frações de segundo a observar o semblante do casal de vendedores castigado pelo Sol, imediatamente pensou nos outros dois avós que não chegou a conhecer. Oxalá, pensava ela, os seus avós fossem assim tão carinhosos e simpáticos quanto o casal de velhinhos à sua frente. Enquanto Antônia se encontra perdida em recordações sem memória, uma das estudantes pergunta ao casal:

— Senhora, senhor, por favor, ajudem-nos. Nós estamos em uma gincana escolar e buscamos um tesouro. De acordo com as pistas, deveríamos encontrar aqui uma mensagem que nos ajudaria a desvendar o mistério do tesouro secreto. Vocês têm essa pista que deveríamos encontrar aqui?

Os velhinhos, sorridentes, olham com atenção para o grupo, mas, antes que respondessem ao questionamento aflito da garota, têm o diálogo quebrado por Antônia:

— Urânia, veja aqui. Olhe essas frutas e verduras embaladas na rede. Aqui diz que elas têm a mesma massa. Mas estou certa de que elas são constituídas por elementos químicos diferentes. Então, elas devem ter densidades diferentes, não é isso que você quis dizer? Eu gostaria que você voltasse a falar dos corpos mais densos do Sistema Solar, como este punhado de moedas aqui ao lado da barraca desses simpáticos velhinhos.

— Crianças, posso, sim, falar. Na verdade, aproveito esta oportunidade para tentar convencê-los do quão sortudos nós somos. Vivemos em um planeta especial para a vida tal qual a conhecemos, não é mesmo? Temos temperaturas bem controladas na Terra, nem muito altas, nem muito baixas; bastante água na forma líquida; uma atmosfera que nos protege dos perigos espaciais e um ambiente relativamente estável. Quando comparamos a Terra com os outros corpos densos do Sistema Solar, aí sim nos damos conta do quão sortudos nós somos.

— Mas, Urânia, a Terra é assim tão especial? — pergunta uma estudante.

— Muito especial. A Lua, pobre coitada, é *estéril* para a vida como nós a conhecemos e o mesmo acontece em Mercúrio; em Vênus, esqueçam, já que a atmosfera por lá é altamente danosa. Já Marte, nosso outro vizinho, também tem, hoje em dia, uma atmosfera bem tênue, o que seria bem complicado para segurar a água, indispensável à vida. Acredita-se que esses corpos eram bem parecidos no passado, quando se formaram, mas, ao longo do tempo, foram mudando as suas propriedades; exceto Mercúrio e a Lua, que se mantiveram praticamente os mesmos já faz alguns bilhões de anos.

— E o que poderia causar essas mudanças?

— Bom, vários fatores. Além de terremotos, vulcões, erosões causadas por vento, água, gelo e outros fenômenos associados à atmosfera do planeta, têm também os choques dramáticos de asteroides e cometas, que já foram mais frequentes no passado, mas que ainda podem ocorrer nos dias de hoje. Mas, gente, antes de falar mais, eu gostaria de ouvir o que vocês diriam se fossem os primeiros a chegar à Lua. Se a vocês fosse dada a possibilidade de criar uma nova civilização na Lua, o que vocês construiriam ou levariam para lá?

Um a um, a turma de Antônia começa a pontuar o que levaria à Lua e o que diria se fosse um ou uma astronauta a chegar a ela pela primeira vez. Certamente o depoimento de Antônia foi o mais emocionado.

— Urânia, eu diria que, vista da Lua, a Terra deve ser surpreendentemente fantástica. E, para começar uma nova civilização, eu tentaria levar, em especial, os bons valores do planeta Terra. Preconceito e discriminação de todos os tipos não seriam bem-vindos à minha nova civilização.

— Antônia, você se esqueceu de dizer que levaria a luneta que Urânia te deu de presente. — exclama Pedro, enquanto os outros caem na gargalhada.

— Meninos e meninas, a Lua é relativamente pequena quando comparada a Mercúrio, o planeta mais próximo do Sol e o menor *"planeta"* do Sistema Solar. A Terra e Vênus são relativamente grandes entre os planetas mais próximos do Sol e apresentam quase o mesmo tamanho. Marte seria de tamanho intermediário entre Mercúrio e Terra-Vênus. O tamanho é importante porque é ele que diz o quão "quente/frio" ou "ativo/morto" geologicamente é um planeta. Por isso, entre os planetas rochosos, Terra e

Vênus são geologicamente ativos. Mercúrio é muito parecido com a Lua, geologicamente inativo.

— Mercúrio também tem fases, Urânia, como a Lua?

— Sim, Antônia, devido à sua proximidade do Sol e ao fato de ele estar em órbita interna à da Terra, Mercúrio apresenta fases e, como a Lua, não tem atmosfera, que é vital para o desenvolvimento da vida como a gente conhece aqui. As temperaturas em Mercúrio podem variar de 425 ºC na superfície que recebe a luz solar a -175 ºC na região que é noite. Na Lua, as temperaturas variam de 125 ºC a -175 ºC.

— A atmosfera é tão importante assim? Nunca imaginei isso! — exclama um dos estudantes.

— Sim, querido. A atmosfera é importante porque ela regula se a água líquida pode existir ou não na superfície de um corpo celeste. Ela pode ainda absorver ou espalhar a luz. Para minimizar a absorção atmosférica da radiação eletro-magnética que nos chega do espaço, nós, cientistas, colocamos nossos obser-vatórios astronômicos a altas altitudes. Eles são as janelas para observarmos o Universo. Mas é a atmosfera que também nos protege da radiação perigosa que chega do espaço, não se esqueçam disso. É a atmosfera que potencializa a magnetosfera em torno de planetas com fortes campos magnéticos, o que também regula o efeito estufa. Uma magnetosfera é o volume do espaço no qual o vento solar é excluído por um campo magnético planetário.

— Puxa, estou realmente impressionado! Nunca imaginei que a atmosfera fosse tão importante para nós.

— A atmosfera de Mercúrio, por exemplo, foi evaporada pelo calor emitido pelo Sol e foi varrida pelo vento solar. Mas não se enganem, pois, embora parecido com a Lua, Mercúrio é muito mais denso que ela, apresentando ainda um núcleo massivo de ferro e outros metais. Essa proximidade do Sol também faz com que a força de maré influencie na rotação do planeta em torno do próprio eixo, que é de 59 dias, ou seja, 1 dia completo em Mer-cúrio dura 2 meses na Terra, aproximadamente. A revolução de Mercúrio em torno do Sol, por sua vez, dura 88 dias, enquanto, na Terra, são 365.

— Puxa vida! — impressiona-se um dos estudantes.

— Isso mesmo. Mercúrio e Lua são parecidos, mas a Lua apresenta mais crateras. Acredita-se que as lavas dos vulcões em Mercúrio acabaram tam-pando ou *maquiando* muitas de suas crateras.

— Há terremotos, vulcões e tsunamis em Mercúrio como no Chile?

— Não, não. Não há vento por lá, não há chuva e, consequentemente, também não há oceanos em Mercúrio, portanto, tsunamis são improváveis nesse pequeno *planeta*. E, neste momento, Mercúrio não apresenta mais terremotos, nem vulcões ativos. Ele está geologicamente inoperante, pessoal. É um planeta que seria pouco interessante para abrigar vida como nós conhecemos por conta das variações bruscas de temperatura. Apesar de sua cor, que lembra o carvão da Terra, Mercúrio pode aparecer muito brilhante no céu, por conta de sua proximidade do Sol.

— Olha, Urânia, não sei, mas adoraria que meu dia durasse dois meses. Já pensou? Dois meses a brincar de pião ou a rolar pelas areias da maré? Seria demais... — Todos riem com Antônia...

— E a estrela D'Alva, Urânia? — questiona um dos estudantes.

— Bem, crianças, a estrela D'Alva não é uma estrela. É um planeta na verdade. É o planeta Vênus.

— O quê?! A estrela D'Alva não é uma estrela? — surpreende-se Thiago, um dos integrantes do grupo.

— Não, sinto em desapontá-los, mas não é. No Sistema Solar, só tem, por enquanto, uma estrela: o Sol! Vênus é o planeta mais próximo da Terra e um dos mais parecidos com ela em tamanho e estrutura interna, embora não possua lua.

— Vamos, Antônia, vamos para Vênus. — sugere Pedro, encantado com Vênus.

— Não, meninos e meninas, vocês não conseguiriam sobreviver em Vênus. Embora muito parecido com a Terra, há também diferenças importantes quando comparamos os dois planetas. A atmosfera da Terra tem bastante oxigênio que usamos para respirar e muito ozônio que nos protege dos raios nocivos à vida, oriundos do Sol e do espaço. Além disso, a Terra tem um campo magnético que nos protege de partículas que vêm do Sol em alta velocidade e nos atingem aos bilhões a cada segundo.

— Campo magnético? Você o mencionou anteriormente, mas eu não entendo o que é um campo magnético. Seria como o ímã que a gente brinca adoidado lá na rua de casa, fazendo os pregos colarem? — pergunta outra estudante.

— Sim, campo magnético é uma grandeza física associada ao espaço onde o valor mensurável da sua intensidade acontece. É uma propriedade que o espaço adquire na presença de um ímã, ou de uma corrente elétrica, e que influencia outros ímãs, correntes elétricas ou materiais ferromagnéticos, como o ferro. Por isso, vocês se divertem com os pregos. Devido a sua lenta rotação em torno do próprio eixo, Vênus não tem um campo magnético como o nosso. Para além das questões magnéticas, a atmosfera desse planeta é muito mais densa que a atmosfera da Terra. Os dias em Vênus são muito mais longos do que os dias na Terra e ele gira no sentido oposto ao movimento de giro da Terra em relação ao próprio eixo.

— Então, quer dizer que lá em Vênus, Urânia, eu veria o Sol nascer do lado oeste e se pôr do lado leste? Contrário ao que vejo da varanda da minha casa? E por que Vênus tem essa rotação tão lenta e gira no sentido oposto ao dos outros planetas? — segue perguntando a estudante.

— Isso mesmo. Era exatamente isso que você veria. A rotação de Vênus lenta e ao contrário, ou seja, retrógrada ou de sentido oposto, quando comparada a de outros planetas como a Terra, deve-se provavelmente aos processos caóticos de formação do planeta. Hipoteticamente houve uma colisão quando Vênus estava se formando, o que o "tirou do sentido padrão".

— Puxa! Como um "chute" sem esperar... Mas diga-me, com essa atmosfera tão mais densa em Vênus, o que aconteceria? — pergunta com apreensão a estudante.

— Diferentemente da atmosfera da Terra, onde há quantidade certa de dióxido de carbono e vapor d'água para manter o efeito estufa em um nível adequado à vida como a conhecemos, em Vênus isso não acontece. O efeito estufa, aquela sensação de abafamento, é extremo nesse planeta, cuja atmosfera pode atingir temperaturas da ordem de 500 ºC. E sem água na atmosfera! Além disso, a pressão atmosférica na superfície é muito elevada, cerca de 90-100 vezes a da Terra, o que seria equivalente a um mergulho a cerca de 1.000 metros abaixo do nível do mar. As temperaturas médias em Vênus são bem altas, da ordem de 470 ºC.

— Eu estou muito emocionado em descobrir, no começo da minha adolescência, que Vênus não é uma estrela. Ou melhor, que a estrela D'Alva não é uma estrela, mas um planeta. E um planeta com um belíssimo nome: Vênus! — anima-se Pedro.

— Bem, Pedro, é na adolescência que fazemos muitas descobertas importantes sobre quem somos e o que queremos da vida. Alguns demoram mais, mas, mais cedo ou mais tarde, acabam descobrindo os seus caminhos. Eu estou contente em poder ajudá-lo nesse descobrimento. Vênus, na verdade, assim como a adolescência, também tem seus encantamentos. Não podemos entender muitos dos aspectos de Vênus porque ele não nos deixa entender tudo, por enquanto. Uma camada espessa de nuvens cobre a superfície dele; num telescópio, mais parece uma bola branca. Além disso, o gás mais presente em sua atmosfera é o mesmo gás, a princípio, responsável pelo aquecimento global na Terra: o dióxido de carbono. Para nossa sorte, muito do dióxido de carbono da Terra encontra-se aprisionado nas rochas.

— Isso, então, quer dizer que, estudando a atmosfera de Vênus, podemos entender melhor o que acontece e o que poderá acontecer ao nosso próprio planeta?

— Exatamente, Antônia! Por isso, é tão importante investir em Ciência básica, como essa que busca estudar a atmosfera de Vênus. Sabemos que, por alguma razão, Vênus perdeu a água de sua atmosfera. Mas como isso aconteceu? Por que a quantidade de água em Vênus é aproximadamente 10 mil vezes menor do que na Terra? Provavelmente, o que fez desaparecer a água em Vênus foi o mesmo processo que fez desaparecer a água em Marte no passado: raios ultravioletas, isto é, radiação eletromagnética oriunda do Sol, capaz de quebrar as moléculas d'água na atmosfera de Vênus, permitindo o hidrogênio escapar para o espaço sem nunca poder se religar ao oxigênio. E mais, sabemos que na atmosfera de Vênus há uma grande quantidade de nuvens de ácido sulfúrico. Estudando essas nuvens, nós somos capazes de inferir como se comportam e quais são as consequências das chuvas ácidas na Terra. Mas não há muitas tempestades violentas em Vênus...

— Claro! Água é "agá dois ó". A gente aprende isso nos primeiros anos da escola, não é mesmo, Antônia? — retruca Pedro, contente com a descoberta.

— Mas, Urânia, a minha mãe me disse certa vez que existem marcianos. — contesta uma estudante.

— Marte, minha menina, é um planeta bem conhecido. Ele é maior que Mercúrio e também maior que a Lua, mas tem quase que a metade do diâmetro da Terra. Eu diria que, como um todo, é o mais conhecido planeta depois da Terra. Posso lhe garantir que não há marcianos em Marte. Mas, de fato, a nossa ideia acerca desse planeta varia muito, ano após ano. Sempre há um elemento novo a acrescentar sobre a história de formação e evolução desse nosso vizinho. Com certeza, responder se existe ou existiu vida em Marte é uma das grandes perguntas feitas atualmente, já que Marte, mais do que a Lua e Vênus, seria o planeta mais interessante para abrigar a nossa espécie num caso extremo.

— E por que Urânia?

— Porque há evidências fortes de que houve oceanos em Marte no passado, cerca de um milhão de anos atrás. Onde há oceanos, isto é, água líquida, pode ser um lugar privilegiado para abrigar vida como a gente conhece. Não se sabe ainda para onde foram todos esses mares de Marte. Sua superfície agora nos faz lembrar o Deserto do Atacama, no Chile. Pensamos que, no futuro, Marte poderá ter muita água novamente. Recentemente, cientistas encontraram evidências de água salina na superfície de Marte. Isso abre um grande precedente na busca por micróbios no Planeta Vermelho.

— Então, quer dizer que Marte também se assemelha ao Chile? Olha, eu não sei vocês, mas eu já estou doida para um dia conhecer o Chile. — completa Bruna. Conheço pouco desse país. Tudo o que sei é que o Brasil não faz fronteira com o Chile.

— O Chile, Bruna, é de fato um país interessante. Bem diferente do nosso. É um país pequeno, com uma população estimada em cerca de 17 milhões de habitantes, pouco maior em população do que só uma de nossas grandes cidades. De norte a sul, o país ocupa pouco mais de 8.000 kilometros e, de leste a oeste, estende-se por cerca de 250 kilometros. O norte é seco, desértico, com montanhas altas, como a Cordilheira dos Andes, onde estão alguns dos maiores e mais eficientes telescópios do mundo. O sul do país é bem verde, com lagos, vulcões, vegetação colorida. O Chile é um país sísmico. Há muitos terremotos e tsunamis por lá. Falante da língua espanhola, foi colonizado por espanhóis, apertado numa estreita faixa de terra entre a Cordilheira dos Andes e o Oceano Pacífico. Quando os espanhóis lá chegaram, no que hoje é o território chileno, encontraram e massacraram os Mapuches, os indígenas (povo originário) chilenos, que também ocupavam parte do que é hoje a Argentina. O Chile produz muitos minérios e vinhos. É um país bem diferente do nosso, mais homogêneo em termos de etnias, mas tão socialmente desigual quanto o Brasil.

— Nossa, o Chile é tão pequeno! — retruca Antônia. O Brasil tem cerca de 210 milhões de pessoas e é um gigante. Aqui, o português é a língua oficial. Realmente, o Chile é um país muito pequeno... E tão cheio de terremotos, tsunamis, desertos, lagos, vulcões... Parece mesmo interessante. — completa Antônia.

— Falando em vulcões, o maior vulcão do Sistema Solar encontra-se inativo em Marte. Ele se chama Monte Olimpo. — explica Urânia.

— Maior quanto, Urânia?

— Se vocês se lembrarem do mapa geográfico e das aulas de Geografia, a superfície total coberta do Monte Olimpo é praticamente similar à superfície total da Espanha. A atmosfera de Marte é "fria" (baixa temperatura) e seca e bem menos densa que a da Terra, apresentando uma grande quantidade de dióxido de carbono, pouquíssimo nitrogênio e argônio. A atmosfera de Marte e de Vênus são bem parecidas, mas a de Marte é bem mais tênue. Há ainda nuvens de poeira e de vapor d'água. Como em um deserto, há muitas tempestades de areia em Marte, que apresenta uma cor vermelha por conta da alta concentração de monóxido de ferro na sua superfície.

— E como são as luas de Marte?

— Marte tem duas luas, Fobos e Deimos, que são corpos rochosos provavelmente capturados pelo campo gravitacional do planeta hospedeiro. Há chances de Fobos e Deimos se chocarem com Marte um dia.

— Nossa, os corpos celestes do Sistema Solar têm nomes bem estranhos! E a Lua? Ela também vai se chocar com a Terra um dia? — questiona Pedro.

— Pedro, muitos dos nomes dos corpos celestes do Sistema Solar fazem alusão aos deuses gregos e romanos da mitologia. Tem que se acostumar com eles. Fobos é o deus da fobia, do medo, e Deimos é o deus do terror, do pavor. A Lua não vai se chocar com a Terra. Na verdade, ela se afasta, em espiral, da Terra por cerca de 3,8 centimetros por ano. Isso se dá por conta de efeitos gravitacionais diferenciais ou força de maré, ou seja, efeitos gravitacionais do sistema Terra-Sol-Lua. Mas a Lua nunca vai deixar a Terra. Depois de algum tempo, ambas, Terra e Lua, vão ter uma rotação sincronizada, e a Lua permanecerá a uma distância fixa. Mas isso só acontecerá numa escala muito grande de tempo, em que o Sol já não mais existirá tal qual o conhecemos.

— Mas, Pedro, precisamos mesmo é descobrir a outra pista da professora... — expressa, preocupada, Antônia, que, voltando-se para o casal de idosos, pergunta:

— Senhores, vocês sabem de algo? Alguém passou por aqui e deixou alguma encomenda para um grupo de estudantes?

Pacientemente, como se tivesse o dia todo ali, um dos idosos retruca:

— Crianças, acho que vocês estão procurando por isto aqui. — responde o simpático senhor, apontando para uma garrafa.

— Uma garrafa?! Vamos abri-la. — propõe Antônia.

— Olhem, há um mapa dentro da garrafa, o qual nos leva à Igreja Matriz de Teçá. É para lá que vamos.

— Esperem um momento! — ordena Urânia, que prossegue:

— Vejam que há uma inscrição atrás do mapa.

*"Embaixo a Terra, acima o macho c*éu. Há rochas. Há metais. Há poeira. Há gelo e há gás."

— O que você acha que isso significa, Urânia?

— Eu não faço ideia, Antônia, mas certamente vamos descobrir. Vamos todos para a Igreja Matriz agora mesmo.

Capítulo X

GELO E POEIRA

No caminho à Igreja, Antônia e os outros aventureiros ainda conversavam com Urânia sobre os planetas do tipo Terra. Estavam maravilhados com as características dos planetas terrestres, tais como a massa, o tamanho, a densidade média, a composição química, a atmosfera, as luas e a distância do Sol. E fascinados por perceber que, de fato, a Teoria Nebular Solar, ou seja, a teoria que melhor explica a formação do nosso Sistema Solar, parece, apesar das questões em aberto, explicar bem as semelhanças e diferenças entre os planetas, levando em conta todos os fenômenos que certamente alteraram suas características nos últimos 4,5 bilhões de anos.

— Urânia, 4,5 bilhões de anos é muito tempo. Eu sei que há outros planetas além de Mercúrio, Vênus, Terra e Marte. Fale um pouco para nós sobre eles. Por que precisamos saber deles? Se algum dia precisarmos deixar a Terra, por que iríamos para Marte se é bem menor do que Júpiter, por exemplo? Não seria melhor irmos para Júpiter?

— Antônia, o mundo dos planetas gigantes é tão fascinante quanto o dos terrestres ou Telúricos. Você está certa mais uma vez. Júpiter e Saturno são facilmente vistos no céu noturno, a olho nu, embora não possamos distinguir claramente as características deles. Na verdade, há quatro planetas gigantes: Júpiter, Saturno, Urano e Netuno, que receberam esses nomes emprestados da mitologia romana. Júpiter significa rei de todos os deuses; Saturno é o pai de Júpiter; Urano é o deus do céu; Netuno, o do mar. Esses quatro planetas são bem diferentes dos Telúricos. São conhecidos como planetas gasosos ou Jovianos, em que essa última palavra significa "classe de Júpiter". Além de enormes, esses planetas não têm superfície sólida de tamanho significativo, ou seja, só podem ter um núcleo sólido pequeno. Como estão longe do Sol, são de baixa temperatura superficial, enquanto as pressões e temperaturas mais interiores são altas. Júpiter tem 79 luas catalogadas até o presente momento; Saturno, 82; Urano, 27 e Netuno, 13. Esses números mudam à medida que novas luas são descobertas.

— Puxa vida! Sendo eles tão diferentes dos planetas terrestres, incluindo aí a Terra, por que eles nos interessam tanto?

— É que, quando entendemos bem como esses planetas foram formados, conseguimos dar respostas sobre a origem do Sistema Solar e, consequentemente, sobre como a nossa Terra se formou. Além do mais, os planetas do Sistema Solar não são os únicos da nossa Galáxia, a Via Láctea. Outros milhares de planetas têm sido encontrados e muitos deles são também gigantes. Para entendermos bem a formação do nosso próprio sistema, com suas regras e exceções, também é fundamental desvendarmos os mistérios por trás dos exoplanetas e de suas estrelas hospedeiras.

— Eles são gigantes? Isso quer dizer que são feitos ainda mais de rochas?

— Não, não. Júpiter e Saturno são feitos quase que completamente dos primordiais materiais presentes no Universo, hidrogênio e hélio. Eles são mais parecidos com o Sol, em termos de composição, do que com a Terra. Como é a massa que, em primeira aproximação, determina se certo corpo "bebê" será uma estrela ou um planeta, Júpiter, podemos dizer, é uma estrela frustrada. Por muito pouco, Júpiter seria uma estrela. Júpiter tem cerca de 300 vezes a massa da Terra, mas é quatro vezes menos denso. Ele teria que ter pelo menos 80 vezes mais massa do que tem hoje para poder virar uma estrela.

Pedro, aos risos, interrompe:

— Estrela frustrada? Isso é muito engraçado. Imaginem duas estrelas no nosso Sistema Solar? Seria demais, não?

— Pedro, na verdade, as estrelas raramente são como o nosso Sol, ou seja, simples, isoladas como dizemos. — responde Urânia. Elas formam, com muita frequência no Universo, sistemas duplos, triplos, associações ou aglomerações. As estrelas, nesse sentido, são como os humanos, sociáveis. Se tivéssemos duas estrelas no nosso Sistema Solar, talvez a nossa história fosse outra.

— Que magnífico! — exclama Antônia. Isso me faz lembrar a letra daquela canção do Nando Reis que diz assim: "*Quando o segundo Sol chegar, para realinhar as órbitas dos planetas*".

Todos riem de Antônia.

— Mas o que realmente define se um corpo celeste será uma estrela ou não?

— A massa e a composição química. A massa precisa ser grande o suficiente para que o corpo celeste tenha gravidade alta o bastante para comprimir

ANTÔNIA E A CAÇA AO TESOURO CÓSMICO

o interior a altas temperaturas e densidades necessárias para que a fusão nuclear aconteça, como no caso do nosso Sol, que, agora, converte hidrogênio em hélio no seu núcleo, o primeiro estágio da fusão nuclear.

— Bom, Urânia, mas poderíamos pensar sob outro ângulo, que Júpiter, em vez de ser uma estrela frustrada, é um planeta ultra bem-sucedido, afinal é ele o maior de todos no Sistema Solar. Eu acho Júpiter um planeta admirável. Gigante, quase como um guardião dos planetas terrestres, exalta Pedro.

— Você está certo, Pedro. É exatamente isso que Júpiter é: um guardião dos planetas terrestres, sobretudo no caso da Terra. Júpiter, pela grande massa, acaba levando para si muitos dos corpos estranhos que poderiam causar danos aos planetas interiores. Ele é uma espécie de escudo gravitacional. Um guardião, de fato.

— E os outros dois, Urânia? Urano e Netuno são também estrelas frustradas?

— Não, Antônia, não são. Mas, de acordo com as ideias de Pedro, podemos dizer que também são planetas bem-sucedidos. Urano e Netuno são grandes, mas não são exatamente como Júpiter e Saturno. Enquanto esses dois últimos são compostos principalmente de hidrogênio e hélio, Urano e Netuno são formados por substâncias compostas de hidrogênio (a água, o metano e a amônia), além de uma quantidade menor de rochas e metais.

— Vixe! Metano? — pergunta Antônia, aos risos.

— Sim, Antônia, metano. O mesmo metano do gás de cozinha, composto de um átomo de carbono e quatro átomos de hidrogênio. A água vocês conhecem bem, certo? É composta por dois átomos de hidrogênio e um de oxigênio, e a amônia, a mesma usada em circuitos frigoríficos, em refrigeração industrial, é composta de um átomo de nitrogênio e três átomos de hidrogênio.

— E como esses planetas se formaram, então? — questiona Pedro.

— Por conta da distância entre esses planetas e o Sol, acima de cinco unidades astronômicas, os compostos de hidrogênio, bastante abundantes, mais do que os outros compostos de rocha e metais, puderam se condensar em gelo. Dessa forma, os planetesimais mais distantes puderam crescer mais e mais, tornando-se massivos o suficiente para aprisionar à sua volta os elementos leves, como o hidrogênio e o hélio. Por isso que os planetas gigantes são dominados por esses dois elementos, embora com diferentes proporções. As partículas sólidas que se condensaram mais longe do Sol, ou seja, além da órbita em que se encontra Júpiter hoje, provavelmente estavam mais espalhadas do que as que se condensaram mais próximo do Sol e na região dos planetas terrestres. Comparados aos mais massivos Júpiter e Saturno, certamente os planetas mais distantes, como Urano e Netuno, não tiveram tempo suficiente para capturar gás.

— E as luas, Urânia? Há poucas luas como nos planetas interiores? — segue questionando o curioso Pedro.

— Não, pelo contrário. Como são todos massivos, eles acabam tendo muitas luas. Como já disse, Júpiter tem pelo menos 79 luas. Quatro bem famosas, que são as conhecidas Luas Galileanas: Io, Europa, Ganímedes e Calisto.

— Pessoal, já conheço essa história... — salienta Antônia. Urânia me disse como Galileu revolucionou a Ciência ao observar essas quatro luas com o mesmo tipo de luneta com que ela me presenteou.

— Você tem boa memória, Antônia. Mas eu não lhe contei que essas luas são bastante interessantes do ponto de vista da Geologia. Elas são vulcanicamente ativas. Aliás, os corpos mais ativos do Sistema Solar. Muitos dos vulcões em Io são parecidos com os da Terra. Em Europa, por exemplo, pode haver grandes oceanos subterrâneos.

Antes que Urânia terminasse, Antônia completa:

— E onde há água líquida pode haver vida...

— Isso mesmo, Antônia! Ganímedes e Calisto também podem ter oceanos subterrâneos, mas as superfícies deles são ainda de difícil acesso. Água líquida é um indício de que pode haver vida. Só para vocês terem uma ideia, Ganímedes é a maior lua do Sistema Solar, maior que o planeta Mercúrio, e também pode abrigar oceanos.

— Que interessante! Então, quer dizer que, além da Terra e talvez de Marte, Europa e outras luas do Sistema Solar podem abrigar vida?

— Sim, é exatamente isso. A descoberta de vida fora da Terra será, com certeza, a maior descoberta da humanidade. Imaginem o impacto que terá, do ponto de vista do conhecimento, saber que não estamos sozinhos neste imenso Universo. Os planetas Jovianos somam juntos mais de 170 luas que variam de menos de 300 kilometros até cerca de mais de 1.500 kilometros de diâmetro.

— E elas mostram a mesma face para os planetas hospedeiros assim como a Lua para a Terra?

— Ótima pergunta, Antônia. E a resposta é sim. Quase todas as luas dividem essa mesma característica de mostrar a mesma face para o planeta. A rotação e translação ou revolução delas é sincronizada por conta dos efeitos (força) de maré, sobre os quais já conversamos.

— E Júpiter é dominado por uma atmosfera?

— Sim. E lá em Júpiter há também tempestades gigantescas, que podem ser vistas durante o dia e também à noite. Para efeitos de comparação, aqui na Terra, as tempestades podem ter dimensões da ordem de 200 km de raio por 20 km de altura. Em Júpiter, elas são da ordem de 1.000 km de raio por 100 km de altura.

— Nossa! As tempestades aqui em Teçá são extremas. Quase que morremos, um dia desses, por conta de uma dessas tempestades. Imagine se vivêssemos em Júpiter?

— Nem queira imaginar, Antônia. Ainda não sabemos se essas tempestades em Júpiter produzem chuvas ou grandes nevascas. Além do mais, na sua atmosfera, há uma quantidade imensa de amoníaco. Há também muita luminosidade provocada pelo brilho intenso das suas luas, dos relâmpagos provocados pelos raios e também pelas auroras polares.

— O que são auroras? — pergunta uma das estudantes que ouvia, atenta, a explicação de Urânia.

— As auroras, querida, também acontecem na Terra. São fenômenos luminosos comuns nas regiões dos polos, provocados pelo choque, em alta velocidade, de elétrons provenientes do vento solar e canalizados pelo campo magnético com a atmosfera do planeta. São bem comuns em Júpiter. Na Terra, elas são comumente vistas tanto na região do polo norte quanto na do polo sul.

— Que fantástico! E os anéis? Saturno tem lindos anéis, Urânia.

— Na verdade, Antônia, todos os planetas Jovianos apresentam. Muitos não são vistos, mas todos possuem anéis. Essa é, na verdade, uma característica importante que acaba por também diferenciá-los dos planetas terrestres. Enquanto estes não têm anéis, todos os Jovianos apresentam. São verdadeiros "Senhores dos Anéis".

— E de que eles são feitos? — pergunta Pedro.

— Bom, Pedro, certamente não são de ouro, nem de prata. Será por isso que você está tão interessado? — comenta, ironicamente, um dos estudantes.

— Não, meninos e meninas. Não são de ouro, nem de prata. Há grandes perguntas ainda sem respostas sobre a formação dos anéis no Sistema Solar.

De onde eles vieram? Eles se formaram juntos com a nebulosa gasosa que deu origem a todo o nosso sistema ou são um fenômeno relativamente recente? Independente da resposta, há uma pista em comum: os anéis estão numa região próxima dos planetas hospedeiros, em que a força de maré é importante. Os anéis de Júpiter, por exemplo, são opacos, feitos basicamente de poeira. Os anéis de Saturno são compostos de gelo e rochas de pequenos tamanhos, dos microns aos poucos metros de diâmetro. Os anéis são, em geral, constituídos essencialmente por uma mistura de gelo, poeira e material rochoso.

— E como são as luas de Saturno, Urânia?

— Bastante numerosas, sendo que sua lua, Titã, é a segunda maior do Sistema Solar depois de Ganímedes, e, até o presente momento, a única a possuir uma atmosfera densa, muito parecida com a da Terra. Ela ainda possui muito metano, o que faz lembrar a atmosfera da Terra no passado. Ou seja, ao se estudar Titã hoje, ganhamos informações preciosas acerca do passado da Terra. Assim como na Terra temos o ciclo d'água, em Titã temos o ciclo do metano.

— E como são os movimentos e as estações do ano nos outros planetas do Sistema Solar? — questiona Pedro.

— Exatamente como já expliquei quando falávamos da Terra: por conta da inclinação do eixo de rotação desses planetas e dos diferentes tempos de translação ou revolução em torno do Sol, alguns planetas terão as quatro estações bem definidas, como em Marte, mas outros terão estações extremas. Urano, por exemplo, orbita ao redor do Sol meio de lado, como se estivesse rolando. O planeta gira em torno de um eixo que está inclinado de quase 98° em relação ao plano da sua órbita em torno do Sol. Suas luas maiores e seus anéis também partilham movimento similar. Hipoteticamente, nos primórdios de sua formação e em momentos distintos desse processo, Urano levou trombada(s) de corpo(s) do tamanho da Terra. É essa característica "genética" que faz com que Urano apresente estações do ano extremas e de longa duração, segundo as evidências atuais.

— Nossa senhora! Que incrível tudo isso! — responde Pedro, assustado e, ao mesmo tempo, satisfeito.

Capítulo XI

PEQUENOS CORPOS

Ao chegarem à Igreja Matriz da cidade, o grupo é recepcionado pelo padre.

— Padre, bom dia! — exclama Pedro.

— Bom dia, meus filhos, em que posso ajudá-los? — responde educadamente.

— Padre, estamos participando de uma gincana escolar e temos algumas horas para descobrir o "tesouro" escondido. Segundo as evidências que temos seguido, aqui em sua Igreja há uma pista escondida que deveria nos ajudar a chegar ao tesouro. O senhor sabe de algo?

Com ar de mistério, o padre responde:

— Meus filhos e minhas filhas, na casa do Senhor, há várias moradas. O maior tesouro na Terra é o amor de Deus para com os seus filhos. Deus, em sua infinita bondade, fez o céu, a Terra e tudo o que vive e respira no Universo.

Cochichando ao ouvido de Urânia, Antônia diz:

— Vixe, Urânia, acho que não vamos muito longe com o padre. Ele acredita mesmo que foi Deus quem criou tudo no Universo, inclusive o Sistema Solar.

— Sim, Antônia, ele acredita nisso e nós não vamos tentar convencê-lo do contrário. Ele está sendo apenas coerente com a formação e as crenças dele. Não precisamos do conceito de "Deus" para explicar o mundo físico e tudo que observamos no Universo. Mas, no entanto, não há conflito algum, a meu ver, entre Ciência e Religião. São conhecimentos distintos e que podem conviver em paz.

Enquanto isso, Pedro responde:

— Padre, não é esse tesouro que buscamos hoje. Segundo a nossa professora, há outro tesouro e ele está relacionado à formação do Sistema Solar. É a ele que queremos chegar.

— Ah, Sistema Solar! — diz o padre, parecendo saber do que o grupo falava. Venham comigo, pois tenho algo que talvez lhes possa interessar.

O padre leva todos para a sacristia da Igreja. Abre o armário e tira de dentro uma caixa de veludo azul marinho. Dentro dela, uma surpresa:

— Que bonito, padre! O que é isso?

— Sim, minha criança, é muito bonito, não é mesmo? Guardo essa relíquia há muitos anos, desde a minha época de seminarista. Trata-se de um meteorito. Eu o guardei desde a última expedição que fizemos em grupo, muitos anos atrás, a um local no qual teria sido visto um meteoro no céu.

— Padre, meteorito ou asteroide? Aprendemos, outro dia, na escola, que um asteroide caiu na Terra muitos anos atrás e dizimou toda a população de dinossauros. Isso aí é um meteorito ou é um asteroide?

— Antônia, crianças, eu posso lhes explicar um pouco mais. Na verdade, asteroides, meteoros e meteoritos estão relacionados. Os asteroides são os restos de rocha que não conseguiram se agrupar para formar planetas do Sistema Solar. São o que sobrou da "massa de bolo" que já lhes contei. Os meteoros, tecnicamente, correspondem aos rastros de luz que aparecem no céu sempre que algum corpo cruza ou risca a atmosfera da Terra. No entanto, apenas quando a partícula que deu origem ao clarão na atmosfera da Terra consegue chegar ao solo terrestre é que será denominada meteorito. Então, esse pequeno pedaço de rocha que o padre guarda consigo é um meteorito. Hoje, há mais de 400.000 asteroides catalogados e, como já lhes disse, muitos deles estão em duas regiões específicas do Sistema Solar: entre Marte e Júpiter e após a órbita de Netuno. Eles são de diferentes tamanhos, de alguns poucos metros a milhares de kilometros. Asteroides e meteoritos são cruciais para entender a formação do Sistema Solar porque eles mantêm a composição química da nuvem original que deu origem ao nosso sistema. Então, esse pequeno pedaço de rocha que o padre guarda é mais uma pista importante do que aconteceu bilhões de anos atrás quando o Sol e os planetas do Sistema Solar se formaram.

— Urânia, que forma os asteroides possuem? São tão esféricos quanto a Lua? Esse pequeno meteorito é bem irregular.

— Sim, Antônia, os asteroides mais lembram uma batata. Por conta da pouca massa, a gravidade acaba não fazendo o trabalho dela por completo, que é buscar estabelecer a simetria esférica do corpo celeste. Muitas imagens de satélites nos mostram que os asteroides são irregulares e apresentam grande quantidade de crateras, as quais são causadas pelo bombardeamento de outros corpos. Aliás, o tamanho, a forma e a profundidade das crateras também são pistas importantes para esclarecer as características dos corpos que os impactaram. E isso, naturalmente, também vale para as crateras formadas em solo terrestre quando estas são descobertas.

— É bonito ver o quebra-cabeça do Universo! — exclama o padre.

— Sim, padre, um bonito quebra-cabeça da Natureza. Muitos desses corpos celestes encontram-se numa região que denominamos "Cinturão de Asteroides", entre as órbitas de Marte e Júpiter. Ali, muitos deles estavam misturados à *massa* que deu origem aos planetas internos do Sistema Solar, mas os corpos que hoje encontramos nesse sistema de asteroides foi o que sobrou desse processo, o que conseguiu sobreviver por bilhões de anos. São os corpos que não foram acretados, isto é, fundidos ou aglutinados pelos planetas internos, por alguma razão física ainda pouco conhecida. Somente um estudo detalhado da composição química dos meteoritos é que permite diferenciá-los das rochas que encontramos aqui na Terra. E principalmente é o que permite determinar sua origem extraterrestre ou não: estariam esses meteoritos relacionados ao Cinturão de Asteroides ou viriam de regiões ainda mais distantes do Sistema Solar?

— Nossa! Então, quer dizer que podemos também ser dizimados a qualquer momento por um asteroide como foram os dinossauros? — pergunta, com medo, Pedro.

— Sim, Pedro, isso pode acontecer conosco. Nada impede.

— Somente a Misericórdia Divina poderá nos salvar. — profetiza o padre.

— Os asteroides, pessoal, apesar de serem pequenos corpos celestes do Sistema Solar e causarem medo, são de fundamental importância para nos ajudar a montar o quebra-cabeça do processo de formação do nosso sistema. Os asteroides e os cometas são seus dois grandes grupos de "corpos menores".

— Crianças, deixe eu lhes dizer uma coisa… — o padre propõe com saudosismo. Quando eu estava ainda no seminário, ouvi muitas histórias sobre o Cometa Halley. Cheguei também a ver outros cometas em máxima aproximação com a Terra, alguns anos atrás. E devo lhes dizer que os cometas são muito bonitos, misteriosos, fascinantes, verdadeiros "vagabundos do espaço".

— Vagabundo?! Que expressão engraçada. Eu achava que vagabundo era alguém que levava a vida no ócio. — comenta Pedro, em meio aos risos da turma.

— Crianças, historicamente os cometas são conhecidos dessa forma porque são "andarilhos", perambulando pelo Sistema Solar. — explica Urânia, que segue perguntando.

— Padre, nessas suas andanças e experiências, o senhor chegou a ver a cauda de algum cometa?

— Não sei, minha filha. Nem sabia que cometa tinha cauda. — responde o padre, sem graça, aos risos das crianças.

— Sim, padre. Os cometas são formados por um núcleo de gás, poeira e gelo, que vistos de bem longe nos lembram uma espécie de "bola de gelo sujo". À medida que essa bola se aproxima do Sol, o calor emitido por nossa estrela vaporiza o gelo, lançando gás e poeira, o que denominamos coma e que envolve o núcleo. A pressão de radiação emitida pelo Sol e o vento solar expulsam o gás e a poeira gerando as caudas. Há caudas de poeira e de gás ionizado. A forma e a cor da cauda dependem de sua composição. As órbitas dos cometas são variadas e nem todos vagam pelas regiões internas do Sistema Solar.

— Urânia, cometas e asteroides são, então, *irmãos*? — pergunta o padre.

— Padre, não diria *irmãos*, mas eles têm em comum a origem no sentido de que cometas e asteroides são as sobras da *massa de bolo* que deu origem ao nosso Sistema Solar. No entanto, apesar dessa coincidência, esses dois tipos de corpos celestes são originalmente distintos. Enquanto os asteroides são rochosos e ferrosos, já que estão mais associados às regiões internas do Sistema Solar, os cometas são feitos, sobretudo, de gelo sujo, já que estão associados às regiões mais externas do nosso sistema. Parte desse material vai ficando pelo caminho à medida que o cometa nos visita a cada período. Por exemplo, o Cometa Halley nos visita a cada 76 anos. Todas as vezes que a Terra cruzar, por volta do dia 22 de outubro, a região por onde se encontra o material deixado para trás pelo Halley, avistaremos uma chuva de meteoros chamada Orionidis.

— Então, Urânia, definitivamente as estrelas cadentes não são estrelas. São meteoros?

— Exatamente, Pedro. São meteoros. Clarões de partículas que cruzam a atmosfera da Terra. Nada mais do que isso. Desculpe-me por destruir a sua ilusão de infância. — e todos riem.

— Mas, Urânia, continuo sem entender uma coisa. — diz Antônia, um pouco confusa. De onde vêm os cometas? Para mim está claro o que são asteroides e onde estão localizados no Sistema Solar, mas, de repente, os cometas entraram nessa história e eu não consigo imaginar de onde eles surgem para nos visitar de vez em quando.

— Antônia, acredita-se que os cometas venham de, principalmente, dois lugares no Sistema Solar. O primeiro deles, já detectado observacionalmente e que abriga por volta de 70 mil cometas, o Cinturão de Kuiper, a cerca de 30 a 50 unidades astronômicas de nós. Esses cometas estão basicamente no mesmo plano da órbita dos planetas. Estão um pouco além da órbita de Netuno. O segundo deles, em pesquisa, ficaria mais longe ainda, estendendo-se num espaço que varia de 2-200 mil unidades astronômicas do Sol. Estima-se abrigar trilhões de cometas, cujas órbitas apresentam inclinações e excentricidades diversas. Esses cometas formam a Nuvem de Oort, proposta há menos de 100 anos. Os cometas e asteroides são também importantes, pois foram eles que trouxeram à Terra os ingredientes necessários para formar os oceanos e a atmosfera. Além disso, os impactos de asteroides, muito mais frequentes no passado, devem ter modificado as condições de vida no planeta.

— Pessoal, toda essa história sobre o meu meteorito é fantástica, mas eis aqui o que vocês estão procurando. — disse o padre, querendo dar outro rumo à conversa.

— Padre, deixe-nos ver, então, o que diz essa mensagem.

Compenetrado, o padre passa a ler a mensagem aos presentes.

— *"Vocês chegaram até aqui e falta pouco para chegarem ao tesouro. Mas, antes disso, é preciso que vocês se perguntem sobre o papel de vocês e sobre a importância do lugar que ocupam no Universo. Antes de vocês, os seus antepassados também fizeram perguntas básicas fundamentais. Os modelos acerca do Universo e do lugar de cada indivíduo na Natureza mudaram. Por muito tempo, a Terra ocupou o centro do Universo conhecido. Após séculos, alguns pensadores ajudaram a tirar a Terra do centro para ser apenas mais um planeta do Sistema Solar. Hoje, já se sabe que o Sol é apenas mais uma estrela dentre as mais de 400 bilhões de estrelas que existem na nossa galáxia, a Via Láctea. Agora imaginem se cada uma dessas estrelas abrigarem planetas. Há muitos mundos no Universo. Tenham sede de conhecimento. Para entender os outros mundos, é preciso buscá-los por entre as estrelas. 'O essencial é invisível aos olhos' e há um reino de astrônomos cegos, com seus pratos gigantes sintonizados, preparados para 'ouvir os sons' do Universo."*

— Nossa, Urânia, essa pista foi de matar. Não faço a mínima ideia do que seja isso. Para onde vamos agora? Esse tesouro não está fazendo o menor sentido para mim. Acho que não vamos nunca vencer essa gincana. — reclama Antônia, com ar de frustração.

— Calma, Antônia! O mundo não foi feito em sete dias.

Rindo, comenta o padre:

— Há controvérsias sobre isso, Urânia!

— Mas o ponto, pessoal, é que devemos ir para a rádio da cidade. Há alguma rádio aqui por perto?

— Sim, Urânia, há uma estação de rádio na cidade chamada Rádio Feliz. Amplitude Modulada (AM). Mainha escuta as canções antigas todos os dias, bem cedo. Mas como é que você chegou à rádio? Não entendi. — pergunta, curiosa, Antônia.

— Os radioastrônomos, Antônia, usam radiotelescópios que são como grandes pratos. Além disso, esses cientistas podem também ser considerados "cegos", porque a luz (radiação), uma onda eletromagnética, viaja a muitas frequências. Uma faixa delas é o rádio, que tem comprimentos de onda maiores que a luz "visível", a qual é parte da radiação eletromagnética capaz de sensibilizar o olho humano. Portanto, as ondas de rádio usadas para estudar a Física dos corpos celestes não sensibilizam a visão. Como aqui seguramente não tem um "prato", pensei numa emissora de rádio.

— Nossa, nunca imaginaria tudo isso. Então, vamos para a rádio da cidade.

Capítulo XII

OUTROS MUNDOS POSSÍVEIS

Enquanto caminhavam para a rádio, Urânia e Antônia conversavam sobre a possibilidade de vida inteligente no Universo para além de sua existência na Terra. Para Antônia, era difícil imaginar que o Universo fosse apenas povoado por terráqueos. Com tantas estrelas e possivelmente planetas lá fora, como poderia a Natureza ser tão seletiva a ponto de escolher apenas uma espécie, num planeta situado na periferia da Via Láctea, para, enfim, contemplar tudo isso e se fazer as grandes perguntas?

— Mas, Urânia, como sabemos que o Sol, de fato, ocupa uma posição periférica na Via Láctea? Já podemos fazer um autorretrato da Via Láctea?

— Não, Antônia, ainda não podemos fazer esse autorretrato (a *selfie*) porque estamos imersos na Via Láctea e não temos tecnologia para sair dela e fazer essa foto. No entanto, pense em sua cidade, Teçá. Nós não precisamos tirar fotos aéreas ou com satélite para saber como a cidade é, para conhecer seus territórios. Mesmo estando dentro da cidade, temos técnicas variadas para mapeá-la. Usamos técnicas similares, entre aspas, para saber como a Via Láctea é, mesmo estando imersos nela. Além disso, temos tecnologia para fazer imagens de outras galáxias. Por comparação entre as propriedades dessas galáxias, podemos também confirmar, com certa precisão, qual é a morfologia da nossa própria galáxia. Isso é parte do nosso trabalho científico.

— Isso é realmente incrível, Urânia! Estou pensando tanta coisa… Mas e a vida? O que é a vida? Como é que tudo começa? Eu tenho as explicações de mainha, do meu povo, das minhas professoras. Mas, quando te escuto falar de tanta coisa distante do nosso dia a dia, fico muito curiosa, perguntando-me por que, afinal, estamos aqui? Qual é o propósito de tudo isso? Sofro tantos preconceitos no meu bairro, na minha escola, por ser mulher, negra, pobre, fora do peso ideal. Mas, quando me coloco na imensidão do Universo, dou-me conta do quão ínfimos todos nós somos. O meu cabelo crespo aponta para o alto, para a minha ancestralidade, e eu carrego nele o Universo. Preconceitos não levam a nada.

— Suas perguntas, Antônia, são fascinantes. Mas não temos, ainda, uma resposta. A vida, como a conhecemos na Terra, é única no Universo até aqui. Sabemos dos fósseis mais velhos encontrados na Terra que a vida surgiu por volta de 3,4 bilhões de anos atrás, nos oceanos. A vida começou em organismos simples como bactérias e evoluiu para organismos mais complexos. A evolução biológica aconteceu provavelmente quando as moléculas começaram a se multiplicar. No entanto, o que é vida e como ela surgiu no Universo continua sendo uma das áreas mais instigantes da Ciência, que exige a colaboração e o estudo de pesquisadores e pesquisadoras de diferentes áreas. Eu, particularmente, acredito que não estejamos sozinhos no Universo. Sabemos que na Terra foram necessárias água na forma líquida e temperaturas especiais ou adequadas. Muitos planetas do Sistema Solar são demasiadamente frios ou quentes demais para abrigar a vida como a conhecemos. Os elementos químicos da tabela periódica, carbono, hidrogênio, oxigênio, nitrogênio, fósforo e enxofre foram os elementos mais importantes para o aparecimento da vida. As estrelas são as fábricas de elementos. Aqueles mais pesados que o hidrogênio e o hélio que nós observamos hoje no Universo são formados em estrelas de diferentes massas ou associados a processos físicos relacionados à vida e à morte dessas estrelas. A vida, a nossa vida, está diretamente relacionada às estrelas. E a água, que tanto desperdiçamos no nosso planeta, é fundamental para a vida. Mas como a água chegou à Terra ainda é um mistério. Provavelmente por colisão de asteroides, embora a colisão de cometas também não tenha sido descartada ainda durante os processos físicos de formação dos planetas, 4,5 bilhões de anos atrás. E, nesse sentido, a vida é extraterrestre.

Neste momento, Antônia ri. E Urânia segue explicando...

— Extraterrestre não no sentido comum em que se é empregada a palavra, do tipo *homenzinho verde de Marte*. Extraterrestre apenas para dizer que a água nem sempre esteve na Terra. Foi trazida provavelmente por colisão de asteroides e cometas no passado primordial da Terra. Outra coisa importante, Antônia, é que já conhecemos mais de 4 mil planetas fora do Sistema Solar. Diferentemente do que ocorre no nosso próprio sistema, já sabemos que há exoplanetas que são super Terras, mini Netunos e Júpiteres quentes. Mas não achamos ainda um planeta gêmeo da Terra, ou seja, um planeta equivalente, ou muito parecido com a Terra em todas as suas propriedades físicas e químicas, com possibilidade de hospedar vida como nós a conhecemos. Já sabemos como determinar o período de rotação desses planetas, suas distâncias, excentricidades, ou seja, o quão elípticas são as órbitas deles em torno das estrelas que os hospedam. Conhecemos a inclinação do eixo de rotação desses planetas, suas massas, seus tamanhos (raios), suas densidades médias e, embora faltando ainda muitos detalhes, conhecemos também, para alguns, suas atmosferas. É um novo tempo. Uma nova revolução na Ciência Planetária. Uma nova Revolução Copernicana. Esses novos estudos são fundamentais para nos ajudar a entender como o nosso próprio Sistema Solar se formou.

— Sobre os preconceitos que você menciona, Antônia, infelizmente as pessoas são assim. Estão sempre dispostas a julgar, classificar as outras de acordo com os seus próprios valores e padrões. Precisamos, como espécie humana, começar a refletir sobre o nosso lugar na Terra e no Universo, até mesmo como forma de preservar a vida, que é tão "cara" e preciosa. Preconceitos, de toda a natureza, são um grande equívoco. Eu posso imaginar o que você deve passar como menina negra, pobre, do Brasil profundo, fora dos padrões estéticos e com altas habilidades. A sociedade não está preparada para meninas como você; sua cor, seu sotaque, cabelo, corpo e suas habilidades incomodam muito. As pessoas no nosso país, infelizmente, discriminam e matam mulheres, negros, indígenas e seres humanos com gênero e orientação sexual fora da "norma", ou seja, do padrão aceito como normal, associado à beleza, à inteligência e ao poder. Essas pessoas, discriminadas e marginalizadas historicamente, são mortas não apenas no Brasil, mas também no mundo inteiro, simplesmente por serem quem são. É muito triste. É preciso trabalhar a autoestima e entender a formação do nosso país no seu contexto histórico, cultural, político, econômico e social. Por isso, é tão importante investir em educação pública gratuita, laica, democrática e de qualidade. Mas há algo muito importante que você não pode esquecer nunca: você não está sozinha!

Dito isso, as duas se abraçam fortemente, com lágrimas nos olhos.

— Gente, chegamos à rádio. — interrompe Pedro. Vamos ao tesouro, finalmente!

Ao adentrarem a rádio, os aventureiros do Universo encontram dois radialistas conversando e, como de praxe, explicam que estão participando de uma gincana e perguntam aos dois homens se eles saberiam informar algo a respeito de uma pista ali deixada. Os radialistas riem e perguntam:

— Então, vocês estão procurando um tesouro? Interessante! E vocês acham mesmo que um tesouro é assim fácil de ser encontrado? Bom, estão certos, há uma pista aqui, guardada a pedido da professora de vocês. Estão vendo ali aquele microfone? Esse é um tesouro para nós. É por meio dele que falamos com as pessoas todos os dias. Levamos notícias. Lemos cartas apaixonadas. Comunicamos coisas belas e ruins. Entramos, todos os dias, sem pedir licença, nas casas das pessoas. Também tiramos daqui o sustento da nossa família. Esse espaço é o nosso maior tesouro. É o nosso ofício, que nos permite articular palavras e emoções. E a palavra nos vale muito. A linguagem é uma das nossas melhores formas de expressão.

— Faz quanto tempo que vocês trabalham aqui? — pergunta Antônia.

— Eu cheguei aqui aos 15 anos. Agora tenho 45. Trabalho nessa rádio há 30 anos. Ocupei posições diferentes. O meu colega trabalha aqui há quase 50 anos. A nossa rádio é o maior orgulho da cidade. Vivemos tantas coisas boas aqui, não é mesmo, meu velho? — fala, emocionado, olhando para o colega. Mas, crianças, sem mais delongas. Ali, debaixo do livro de Lima Barreto, tem o que vocês procuram...

As crianças correm em direção à estante para poder pegar o grosso envelope azul debaixo do livro bonito de capa preta. Abrem apressadamente o envelope e encontram dentro dele uma folha de caderno amarelada, dobrada ao meio. Retiram a folha de dentro do envelope e passam a ler em voz alta:

— *"Crianças, parabéns! Vocês chegaram ao fim da gincana. A rádio de Teçá é o ponto de encontros e reencontros da cidade. É ela que nos liga aos diferentes mundos. Os maiores tesouros estão bem guardados dentro de vocês: a curiosidade, a capacidade de sonhar e acreditar em novos mundos possíveis, a força de mobilização, a disciplina e a capacidade de transformação das realidades, por mais difíceis e duras que possam parecer. Cada um de vocês é muito especial para nós, com a individualidade e a personalidade que carregam e que partilham no coletivo, no dia a dia. Mantenham acesa a chama da curiosidade e a sede de conhecimento. Vivam a vida com pensamento. Esses são, certamente, alguns dos seus maiores tesouros. Essa é a maneira singular e digna de fortalecer a autoestima para poderem conquistar os vários mundos possíveis que estão lá fora, esperando por vocês. Nada, nem ninguém podem lhes roubar isso. O Universo é de vocês!"*

Urânia e Antônia, de recanto, escutam a mensagem do bilhete atentas. Os seus olhares felizes cruzam-se na sala, numa cumplicidade que apenas confirmava a sensação de que elas já se conheciam há muito tempo. Cada uma delas, vindas de diferentes contextos sociais, econômicos e culturais, refletia, em silêncio, o que significava uma a uma as palavras escritas no bilhete. Riam, no final, de felicidade, entendendo que a gincana certamente tinha dado, uma para a outra, uma amizade fraterna, que duraria, a partir daquele instante, para sempre. Outro grande tesouro na vida e no Universo acabara de ser confirmado: a amizade.

O relógio marcava quatro horas da tarde e todos estavam exaustos, mas felizes. Em um dia de Sol forte, os aventureiros do Universo saem da rádio e retornam à escola, cantarolando pelos paralelepípedos da velha e sempre nova Teçá. Antônia mal esperava o momento de finalmente apresentar Urânia aos pais, encontro que seria certamente regado por boas risadas e pelo delicioso bolo de aipim e o café torrado e quentinho de Dona Maria. Antônia, em silêncio, e abraçada a Urânia, pensa sorridente nas palavras do poeta negro Langston Hughes quando diz: "A noite é bela, como são os rostos do meu povo. As estrelas são belas, como são os olhos do meu povo. Belo é também o Sol. Belas são também as almas do meu povo.".

Sugestões de Leitura

1. HISTÓRIA INFANTIL

O cabelo que carregava os segredos do Universo

Por Alan Alves Brito

Antônia é uma menina negra, fofinha, inteligentíssima, de olhos e cabelos pretos brilhantes, que fala "oxente", "mainha", "painho". Seu delicioso sotaque melódico junta palavras nagô, de língua africana, que parecem brincar de esconde-esconde por entre vogais e consoantes.

Antônia vive numa pequena cidade chamada Teçá, que fica lá bem longe, por detrás do arco-íris, entre verdes colinas, onde o tempo parece não passar. Teçá significa "olhos atentos" que, como os olhos espertos e serelepes de Antônia, tudo querem saber.

Certo dia, deitada ao colo de sua mãe, Dona Maria, debaixo de um pé de manga no quintal da casa, Antônia indaga:

— Mainha, como a Terra se formou? Como nascem o Sol, os planetas, a Lua e as estrelas? Por que o Sol brilha e as estrelas piscam? O que é a luz? O que segura a Terra e os planetas girando em torno do Sol? Eu quero saber...

— Lá vem você, sua danada, com suas perguntas difíceis. Tudo o que sei é que está na hora de você ir pra escola. Venha cá, vamos prender esse cabelo agora mesmo... Vou fazer um lindo e formoso coque, porque você não pode ir pra escola com esse cabelo assim, indomável, solto ao vento.

— Mas, mainha, por que tenho que prender os meus cabelos? Eu gosto deles assim, pretos, fortes, soltos, volumosos, apontando para o céu, como se fossem um lindo beija-flor visitando as flores de primavera.

— Minha filha, você tem tanto ainda o que aprender... São tantas perguntas nessa sua cabeça, Antônia! De onde você tira essas perguntas, minha filha?

— Ah, mainha, essas são as perguntas que eu fazia à volta da fogueira com minhas avós, buscando histórias de sonhos e liberdade. Foi com minha bisa e com minhas avós que aprendi que tenho que andar com meus cabelos soltos por aí, orgulhosamente, sem ter medo de nada.

— Oxente! E o que mais elas te ensinaram? Me conte aí?

Antônia, cochichando ao pé do ouvido da mãe, explica:

— Um dia, em sonhos, elas me disseram que nós somos filhas e filhos das estrelas. Que as estrelas são as fábricas de tudo o que produz luz no Universo. Que em cada pedacinho de estrela há um pouco de mim e um pouco de nós. Nesse sonho, minhas avós me disseram que os meus cabelos crespos apontam para o alto, para a nossa ancestralidade, e que eles carregam os segredos do Universo.

— Ah, minha filha, suas avós, suas mais velhas, é que estão certas. Como dizia o poeta: "a noite, Antônia, ela é bela como são as faces do nosso povo. As estrelas, minha filha, são belas como são os olhos do nosso povo. Belo é também o Sol. Belas são também as almas do nosso povo". Ninguém é igual a ninguém, Antônia, e o seu cabelo livre é lindo. Solte-o, deixe-o voar.

E Antônia sai pulando, sorridente e cantarolante pelos paralelepípedos de Teçá rumo à escola, com o cabelo que carregava os segredos do Universo.

2. OUTROS TEXTOS

ALVES-BRITO, A.; MASSONI, N. T. *Astrofísica para a Educação Básica:* a origem dos elementos químicos no Universo. Curitiba: Editora Appris, 2019.

CANIATO, R. Ato de Fé ou Conquista do Conhecimento? *Boletim da Sociedade Astronômica Brasileira*, ano 6, número 2, 31-37, abril / junho de 1983.

CHALMERS, A. F. *O que é ciência afinal?* Brasília: Editora Brasiliense, 1993.

CHASSOT, A. *A ciência através dos tempos*. São Paulo: Editora Moderna, 1994.

DE MELLO, D. *As aventuras de Pedro.*

Disponível em: http://duiliademello.com/AsAventurasDePedro_Duilia_de_Mello.pdf. Acesso em: 22 maio 2019.

OLIVEIRA FILHO, K.; SARAIVA, M. F. *Astronomia & Astrof*isica. São Paulo: Editora da Física, 2015.

VIEGAS, S. M. M.; DE OLIVEIRA, F. (ed.). *Descobrindo o Universo*. São Paulo: EDUSP, 2004.